기독교문서선교회(Christian Literature Center: 약칭 CLC)는 1941년 영국 콜체스터에서 켄 아담스에 의해 시작되었으며 국제 본부는 미국 필라델피아에 있습니다. 국제 CLC는 59개 나라에서 180개의 본부를 두고, 약 650여 명의 선교사들이 이동도서차량 40대를 이용하여 문서 보급에 힘쓰고 있으며 이메일 주문을 통해 130여 국으로 책을 공급하고 있습니다. 한국 CLC는 청교도적 복음주의 신학과 신앙서적을 출판하는 문서선교기관으로서, 한 영혼이라도 구원되길 소망하면서 주님이 오시는 그날까지 최선을 다할 것입니다.

메모리 글 1

고 영 일 목사

50년 전 …

신학교에 들어가면서 장학금을 받기 위해 한 교회에 머물게 되었습니다. 그때, 그 교회에서 한 청년을 보았습니다. 청년회 활동을 열심히 하는 신실한 청년이었습니다. 그런데 얼마 안 있어서 미국으로 이민을 갔습니다. 얼마 후 그 교회에 사무직원으로 한 여자 청년이 일하게 되었습니다. 그 교회 출신으로 믿음이 좋고 기도를 많이 하는 자매였는데 교회에서 함께 일하면서 잘 알게 되었습니다.

그런데 2년 후, 미국에 간 청년이 와서 교회 사무직원으로 일하던 자매와 결혼해 함께 미국으로 갔습니다. 그때 나는 신학교 3학년이었습니다. 3학년 말에 나도 그 교회를 떠나서 영종도 섬에 있는 작은 교회 담임 전도사로 목회를 시작했습니다.

하나님께서는 나에게도 미국으로 갈 기회를 주셨습니다. 신학교 졸업 후 10개월 만에 미국에 사는 교포와 결혼하고, 그 후 3개월 후에 미국 로스앤젤레스에 도착했습니다.

미국 처가살이 3개월 후에 그것을 벗어나기 위해서 오하이오 클리블랜드로 만삭된 아내를 데리고 승용차에 간단한 살림 도구만 싣고, 닷새 동안 드라이브를 하여 클리블랜드에 도착했습니다. 바로 수년 전에 미국에 갔던 그 청년 부부의 집에 도착한 것입니다. 그렇게 그 청년 부부를 다시 보게 되었고, 더 가깝게 알게 되었습니다.

그때 놀랐던 것은 불과 나보다 수년 전에 미국에 왔는데 이미 큰 공장이 있었고 성공적인 자영업자가 되어 있었다는 것입니다. 그리고 더 놀라운 것은 이 부부가 참 착하고 금슬이 좋았으며 신앙생활을 열심히 하고 있었다는 것입니다.

나는 그곳에 정착하지 못하고 수개월 후에 다시 캘리포니아로 돌아왔고 그 후 워싱턴주 밴쿠버에서 목회하다가 버지니아 뉴폿뉴스에서 목회를 하게 되었습니다. 그분들과 헤어진 지 4년 후였습니다.

뉴폿뉴스와 클리블랜드의 거리는 차로 한 7~8시간 거리가 됩니다. 서부에 있다가 동부로 온 나는 그래도 그분들이 있는 곳에 상당히 가깝게 왔다고 생각했습니다. 시간이 되면 그곳에 다시 방문해 보고 싶은 마음이 있었습니다. 그 당시는 인터넷으로 통신을 주고받는 때가 아니었습니다.

나는 그분들에게 늘 고마운 마음을 갖고 있었습니다. 내가 미국에 처음 정착할 때 미국에 잘 정착해 주님의 일을 할 수 있도록 도와주려고 애쓴 분들이었기 때문입니다.

내가 이분들에 대해 아는 것은 그리스도의 사람, 하나님의 사람이라는 것입니다. 다른 사람들에 대해서는 잘 모르겠습니다. 다만, 내가 아는 이분들은 그리스도인이라는 것입니다. 그래서 형제자매같이 생각했습니다. 그것은 하나님께서 우리에게 같은 은혜를 주셨기 때문이라고 봅니다.

한번은 교인들을 모시고 뉴욕주에 있는 헤브론기도원에 가서 집회에 참석한 후에 거기서 조금 멀리 떨어진 곳이지만 나이아가라 폭포를 구경하고 돌아오는 길에 방향을 바꾸어 클리블랜드로 가서 이분들의 집을 방문할 계획을 세웠습니다.

20~30명을 모시고 이분들의 집에 도착했습니다. 얼마나 많은 음식을 준비해서 대접해 주셨는지 남자인 내가 '아차' 하는 생각을 했습니다. '이러는 게 아닌데 …' 이것이 얼마나 큰 실례를 하는 것인지 미처 사려 깊이 생각을 못 한 것입니다. 그렇다 보니 내가 평생 그 미안하고 감사함이 내 기억에서 떠나지를 않습니다.

그리고 하나님의 은혜로 교회를 건축하게 됐습니다. 건축이 거의 끝날 무렵 당시에 집 한 채 값만큼의 건축비가 필요했습니다. 이 큰돈을 어디에서 마련합니까? 이런 일은 처음인데 … 그래서 실은 이분에게 자문(?) 혹은 보증 좀 서 줄 수 있는지 물어보려고 전화를 했습니다. 그랬더니 자기 크레딧으로 지금 그 액수를 사용할 수 있다며 일주일 만에 집 한 채 값 액수의 수표 한 장을 보내왔습니다.

나는 지금도 의문입니다. 그분이 뭘 믿고 당시에 집 한 채 액수의 금액을 멀리 떨어져 있는 나에게 전화 한 통화에 보내왔는지 말입니다.

하나님이 하신 일이지요. 그런데, 하나님은 누구에게 그 일을 시켰나요?

성경 히브리서에 보면 예수님과 모세가 자기를 세우신 이 하나님에게 신실하기를 하나님의 온 집에서 한 것과 같이 하셨다고 말씀하고 있습니다.

> 그러므로 함께 하늘의 부르심을 받은 거룩한 형제들아 우리가 믿는 도리의 사도이시며 대제사장이신 예수를 깊이 생각하라 그는 자기를 세우신 이에게 신실하시기를 모세가 하나님의 온 집에서 한 것과 같이 하셨으니(히 3:1-2).

하나님의 집이 어디일까요?
고린도전서 3:9에 보면 이렇게 말씀했습니다.

> 우리는 하나님의 동역자들이요 너희는 하나님의 밭이요 하나님의 집이니라(고전 3:9).

성도들이 하나님의 집이라고 말씀합니다. 나는 그들이 그렇게 한 것은 하나님에게 신실했기 때문에 하나님의 집, 하늘의 부르심을 받은 거룩한 형제들, 성도에게 신실했다고 봅니다.

나는 지금까지 살아오면서 그분들과 같은 분들을 많이 보지 못했습니다. 아니, 아직 못 보았습니다. 작년에 그 남편분이 주님 곁으로 갔다는 말을 듣고 큰 충격을 받았습니다. 물론 은퇴는 했지만, 그렇게 많은 나이가 아니었기 때문입니다.

물론, 우리도 다 얼마 안 있으면 앞서거니 뒤서거니 하면서 주님 나라로 가게 될 것입니다. 이제는 큰 슬픔보다는 하나님께 신실했던 믿음의 사람, 그리스도의 사람, 하나님의 사람을 기억하면서 주님의 품에 안긴 그분을 추모합니다.

그분이 바로 오세근 장로 그리고 오귀순 권사입니다.

메모리 글 2

장 기 수 장로

장로님!

가을바람 선선히 불어오는 멀지 않은 날이면 늘 대하던 밝고 온화한 장로님의 얼굴을 반가운 마음으로 다시 뵐 줄 알았습니다. 그런데 지금 이곳에 누우신 장로님을 뵙고도 꿈인지 생시인지 황망한 마음을 금할 길 없습니다.

십여 년 세월을 실로암교회에서 장로님과 함께 신앙생활을 하면서 늘 예배 후, 입구에서 성도들과 일일이 인사를 나누셨음에도 불구하고, 혹 놓친 분들이 계실까 봐 식사도 미루시고 일일이 테이블을 찾아다니시며 유심히 살피시고, 보이지 않는 성도들의 안부를 챙기시던 장로님.

이곳저곳 궂은일도 마다하지 않으셨으며, 당회원으로서의 바쁜 일정 속에서도 찬양을 사랑하셔서 성가대원으로 섬기시며, 동분서주하던 모습이 저를 비롯해 많은 성도에게 귀감이 되셨습니다.

지난 수년간 격변하는 실로암의 한가운데서 청빙 위원장으로 섬기시며 앞으로의 실로암교회의 발전을 위해 어떠한 선택을 해야 하는지 기도하시며 깊이 고민하셨고 코로나가 창궐하던 시절, 임시 당회장으로 섬기시면서 때론 지나친 것 같은 생각이 들 정도로 엄격하게 마스크 착용과 손 세정제 사용, 거리 두기 와 모든 방역을 진두지휘하시며 예배 후 성도들 간의 악수까지 도 자제하게끔 하셨습니다.

덕분에 아직 코로나로 인해 하나님의 부르심을 받은 이가 우리 성도 중에는 한 분도 없었습니다. 돌이켜보면 연로하신 어르신들과 어린이들을 지켜내기 위한 장로님의 사랑이었음을 다시 한번 생각하며 감사드립니다.

다들 힘들어하는 재정위원장을 3년이나 맡으시면서 코로나 때는 주방이 오픈되지 않아 점심마저도 거르신 채로 모두 돌아간 텅 빈 교회에 홀로 남아 묵묵히 재정부 일을 마무리하시는 것이 매주 반복되는 일상이었습니다.

하나님 전의 재물이 티끌만 한 것이라도 허투루 쓰이지 않도록 꼭 필요한 곳에는 넉넉히 허락하시고, 그렇지 않은 곳은 허리띠를 졸라매고 아끼셔서 교회 재정에 어려움이 없게 하셨습니다. 그리하여 코로나로 인해 대부분의 교회가 재정에 어려움을 겪고 있을 때도 저희 교회는 주님께서 부어 주신 특별한 은혜가 차고 넘쳤습니다.

그뿐만 아니라 오래전 마무리된 교회 건축에 따른 부채가 갚아도 갚아도 끝이 보이지 않고 3년마다 재융자를 이어가며 그에 따른 비용도 버거운 상황이 계속되고 있었는데 장로님께서 여태까지의 이자보다 더 낮은 이자로 3년마다 이어지던 재융자도 없이 15년 만에 갚을 수 있는 방도를 찾아내셨고, 거기에 따른 모든 서류를 준비해 주시고 한국으로 떠나셨습니다.

덕분에 제가 당회 서기의 자격으로 새로이 시작되는 융자 서류에 사인을 하며 그 일을 마무리 지을 수 있었습니다. 이 기쁜 소식을 성도들에게 전하면서 오 장로님의 수고가 너무 크셨으니, 10월에 한국에서 돌아오시면 그 고마움을 꼭 표해 주십사고 부탁을 드렸는데 이게 어찌 된 일입니까?

금슬 좋은 권사님과 자녀들의 존경을 받으시며 손주 손녀들의 재롱이 한창일 때에 불현듯 장로님을 부르신 하나님의 깊으신 뜻을 지금은 저희가 헤아리긴 어렵지만, 먼 훗날 천국에서 선하신 주님의 뜻을 알게 되겠지요?

모쪼록 천국에서도 사랑하는 가족과 섬기시던 교회를 위해 기도하실 장로님을 그려 보며 햇빛보다 더 밝은 요단강 건너 그 집에서 다시 만날 날, 지나온 세월 함께하신 주님의 은혜를 나눌 수 있는 귀한 시간이 되기 위해 남은 하루하루를 최선을 다해 살아가렵니다.
"하나님이 하셨습니다. 모든 것이 하나님의 은혜입니다."
힘차게 믿음의 고백을 주께 드리던 장로님, 사랑합니다.

* 이 글은 천국 환송예배 시 조사로 읽어 주신 글입니다.

메모리 글 3

아빠,

안녕하세요?

큰딸이에요. 떠나신 뒤, 난 매일 아빠를 생각했어요.

이 세상에선 다시 만날 수 없는 아빠, 너무 보고 싶어요.

아빤 참 평화로운 사람이었어요.

햇살에 반사된 은빛 바다 물결처럼

잔잔하고 찬란한 평화를 느끼게 해 주셨지요.

걱정이나 근심도 그 평화 앞에 무기력해 진양

아빤 늘 즐겁게 사셨어요.

똑같은 24시간을 부여받았건만 아빠는 다른 사람보다

몇 배나 더 값있는 삶을 사셨을 거예요.

도움을 주는 일, 어려운 이를 돕는 일을 평생 하셨지요.

그것도 기뻐하고 즐거워하면서 말이에요.

아빤, 입버릇처럼

"난, 돌쇠야 마님을 잘 모셔야지"라고 하시면서

엄마를 여왕처럼 모셨지요.

외출할 땐 언제나 차 문을 열어주고, 닫아주고,
식당에 가면 의자 당겨서 앉혀주고,
엄마가 가장 편하게 드실 수 있도록 살짝 밀어주고
하루 이틀이 아닌 평생을 그렇게 살아오셨어요.
엄마 손잡고 다니는 것을 낙으로 알았던 아빠 …
사실 그런 일은 젊은 세대도 어려워요.
아빠 세대에선 유일한 한 사람일지도 몰라요.
우리 지원이 어린 시절, 봐 달라고 맡기면
아빠는 지원이를 안고 일을 하셨지요.
아빠 사무실엔 여러 종류의 간식이 많았는데
둘이 나눠 먹고 참 재미있어 보였어요.
바다로 놀러 가면 아이들과 파도타기 하면서 몇 시간씩 놀고,
산으로 가면 벌레 잡아 손에 올려놓고
아이들에게 보여 주며 놀았지요.
어른이 아이들과 노는 것은
시계를 자주 들여다보는 지루함이건만
아빠는 아이들과 놀았어요.

그런 사람이 또 있을까요?
아이들과 시간 가는 줄 모르고 재미나게 놀 수 있는 어른이?

아빠는 여행을 그렇게도 좋아했지요.
그 바쁜 시간을 빼내어 우리 데리고 참 많이 다니셨어요.
밤새도록 운전하면서 말이에요.
내가 프랑스 가서 사진 찍어 제일 먼저 아빠에게 전송했어요.
젊은이들처럼 배낭 메고 중국이나 태국 …
세계 여러 곳을 다니며 힘들었던 일,
좋았던 것을 이야기해 주셨지요.

아빤 훌륭한 사업가였어요.
참고 참으며 직원들에게 "우린 당신이 필요합니다"라고
행동으로 말하던 사람.
밤늦도록 일하고 다시 일하며 내일을 꿈꾸던 사람.
그렇게 일구어 가던 사업, 아들이 아주 크게 번창시켰지요.
이젠 기업이 되었어요.
얼마 전에 웨딩홀에서 회사 잔치가 있었어요. 대단했어요.
한인 2세로 주류 사회에 들어가

당당하게 뻗어가는 회사를 소개했지요.
대성황을 이루고 집에 와서
엄마가 "엄마는 아들이 자랑스럽구나!" 하시면서
안아 주셨을 때
"엄마, 이게 다 아빠에게서 배운 것이에요"라고 말해서
엄마가 막 울기 시작하셨지요.
멋진 우리 아빠!

아빠, 신실한 사람이었어요.
한국에서 이민이나 혹은 연수차 오신 분들의 필요에 따라
학교, 아파트, 차, 전화 등 가리지 않고
자기 일 인양 끝까지 책임져 주셨지요.
그럴 수 있었던 것은 아빠 영어가 유창했고
컴퓨터를 마음대로 활용하실 수 있기 때문이었을 거예요.
그리고 행하는 모든 일 가운데
하나님 사랑과 영혼 구원을 위한
간절한 소망이 있었음을 저는 알지요.
난, 아빠의 생애를 보면서 자라왔어요.
너무나 훌륭했던 아빠!

난, 알아요. 아빠 같은 사람은 이 세상에 없다는 것을,
흉내도 어렵다는 것을.
아빤 내 영웅이에요. 그렇게 부르는 데는 이유가 있지요.
내가 유일하게 본 고린도전서 13장을 실천한 사람이거든요.
아빠는 오래 참았고, 온유했고, 투기하지 않았고,
자랑하지 않았고, 교만하지 않았고,
무례하지 않았고, 자기의 유익을 구치 않았고,
성내지 않았고, 악한 것을 생각하지 않았고,
불의를 싫어했고, 진리를 기뻐했으며
모든 것을 참고, 믿고, 바라고, 견뎠습니다.

보이지 않아도 난 아빠를 만날 수 있어요.
사랑장을 보면 아빠의 삶이 그대로 보이거든요.
난, 길을 잃지 않을 수 있어요.
아빠의 삶을 그대로 따라가면 되니까요.
아빠 보고 싶을 때 고린도전서 13장을 읽을게요.
아빠의 오래 참던 모습, 온유한 성품을 생각하며
한 절 한 절 읽어 가다 보면 아빠가 보일 거예요.
한결같은 다정한 모습으로 날 꼭 안아 주던 아빠 말이에요.

가슴이 아파요.
'아빠는 이 세상에 없다'고 글이 말하고
'다시는 볼 수 없다'는 것을 표현하는 글이 되니
자꾸 눈물이 나요.
그래도 씩씩해지려 노력할게요.
아빠의 딸로 태어나게 해 주신 주님께 감사드리고
날 길러 주신 아빠의 사랑에 감사드려요
아빠 닮은 딸이 되도록 노력하며 살아갈게요.
사랑해요.

2024. 4. 2. 큰딸 올림

눈물로 쓴 편지

Letters Written in Tears
Written by Kwisoon Oh
All rights reserved.
Korean Edition Copyright ⓒ 2024 by Christian Literature Center, Seoul, Korea.

눈물로 쓴 편지

2024년 7월 30일 초판 발행

지 은 이 | 오귀순

편　　 집 | 추미현
디 자 인 | 서민정, 이보래
펴 낸 곳 | (사)기독교문서선교회
등　　 록 | 제16-25호(1980. 1. 18.)
주　　 소 | 서울특별시 동대문구 천호대로71길 39
전　　 화 | 02-586-8761-3(본사) 031-942-8761(영업부)
팩　　 스 | 02-523-0131(본사) 031-942-8763(영업부)
이 메 일 | clckor@gmail.com
홈페이지 | www.clcbook.com
송금계좌 | 기업은행 073-000308-04-020 (사)기독교문서선교회
일련번호 | 2024-87

ISBN 978-89-341-2722-2 (03230)

이 책의 출판권은 (사)기독교문서선교회가 소유합니다. 신저작권법에 의하여 한국 내에서 보호를 받는 저작물이므로 무단 전재와 무단 복제를 금합니다.

일기 | 편지

눈물로 쓴 편지

오귀순 지음

CLC

서문

오귀순

남편이 내 곁을 떠난 지 1년 8개월이 되었다.
그러나 남편은 내 곁을 떠난 것이 아니라
내 안으로 더욱 들어왔다.
내 안에 들어온 남편은 쉴 사이 없이
뜨거운 눈물을 흐르게 한다.
잘해 주지 못한 것, 미안한 것,
불평했던 것이 눈물이 된다.
왜 더 잘하지 못했을까?
왜 더 뜨겁게 사랑하지 못했을까?
후회의 눈물을 흘리게 한다.

남편이 떠난 후
난 죽고 싶다는 충동을 수없이 느꼈다.
출구를 찾기 위해 많은 것을 시도했다.
공부, 음악, 자원봉사 등 그런 모든 시도가
그리움의 크기에 비하면
역부족이라는 것을 느꼈다.
난 이제 상실이라는 말을 이해한다.
사랑하는 사람을 잃는 슬픔이
어떤 것인지 알게 되었다.
이 고통을 통해 난 인생의 가장 큰 아픔이
어떤 것인지를 체험하게 되었다.
아직도 나는 안간힘을 쓴다.
이 깊고 깊은 슬픔의 계곡에서 빠져나오려고
순간순간 누르는 이 심장의 고통을 제어해 보려고
숨을 쉴 수 없는 흐느낌에서 벗어나려고.

누군가는 말했다.
시간이 가면 희석된다고.
그 말이 사실일지라도
난 아직도 남편을 만나는 꿈을 꾼다.
남편을 만나면 하고 싶은 것.
어디 갔다 왔냐고 그 품에 안겨서 많이 많이 울기.
왜 인제 왔냐고 기다리다 죽는 줄 알았다고 화내기.
된장찌개 끓여 앞에 내놓기.
맛나게 먹는 모습 오래오래 바라보기.

이 책을 쓰면서 많이 생각했다.
왜 내가 이 책을 출간하려고 하는지?
내놓으며 흘릴 눈물을 왜 꺼내 놓는지?
나 같은 상황에 있는 분들께 함께 더 울자고.
그래야 우린 살 수 있다고 말하고 싶다.
혼자가 아닌 우리다.
세계 어디에 살고 있어도 모두 우리가 된다.
같은 슬픔, 같은 눈물 안에서.
일상의 부부들께 사랑하는 사람은
언제나 곁에 있지 않다고
친절한 한마디 지금 하시라 권해 드리고 싶다.
그리고 평범하면서도 비범했던 남편의 삶을
나누고 싶은 마음이 있다.
극한 슬픔 가운데서도 시간은 지나간다.

난, 다른 이들의 신발을 신어볼 수 있게 된다.
내 슬픔만 껴안고 살던 마음이
나와 같은 처지에 있는 사람을 보면 아파진다.
얼마나 힘들까 손을 붙잡고 막 울고 싶어진다.
너무 가슴이 아파 흐느끼기도 한다.
우는 자와 함께 울 수 있도록 해 주신 주님께 감사드리며
긍휼히 여길 수 있는 은혜를 더욱 사모하게 된다.

먼저, 여러 번 포기하고 싶었던 책을
마무리 지을 수 있도록 해 주신 분은
주님이셨음을 고백하며 감사와 영광을 돌린다.
추모의 글을 써 주신 고영일 목사님, 장기수 장로님
그리고 이 책을 출간해 주신
기독교문서선교회(CLC) 박영호 목사님께 감사드린다.

아빠에게 편지를 써 준 우리 큰딸에게도 사랑을 전하며 …

미국 애틀랜타에서

CONTENTS

메모리 글 1 고영일 목사 · 1
메모리 글 2 장기수 장로 · 6
메모리 글 3 큰딸 · 10

서문 · 20

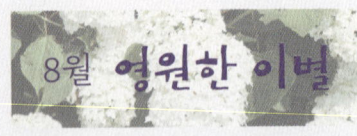
8월 영원한 이별

두려움 · 32
아픈 말 · 34
흐느낌 · 35
당신 번호 · 36
고통 · 37
이별 · 38
여행 가방 · 39
집 · 41
환송예배 · 42
배웅 · 44
대답이 없기에 · 45
병든 여름 · 46
오열하며 · 47
부르짖음 · 48
풀벌레 · 50
울어도 괜찮아 · 51
차고 문이 열리고 · 52

분에 넘치는 사랑 · 53
둘 · 54
남산 길 · 55
예쁜 시간 · 56
아끼던 것 · 57
흔적 · 59
추억 · 60
찬란했던 시간 · 61
날 찾아낸 당신 · 63
새 · 65
묘 앞에서 · 66

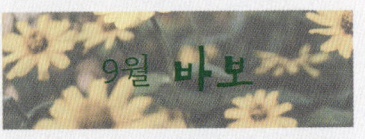
9월 바보

이름 · 70
소개 · 71
뒷모습 · 73
상상의 새 · 75
내 잘못 · 76
비행기 안에서 · 77
감정 · 78
'고' 한 글자 · 79
당신 베개를 보며 · 80
천사 · 81
뒤 늦은 고백 · 82

잠시 정든 교회를 떠나 · 84
위로의 말 · 85
전도의 고수 · 87
날 깨우는 말 · 89
부정과 인정 · 90
사나 죽으나 주의 것이라 · 91
흐느낌 · 93
버킷 리스트 · 94
선한 영향력 · 96
단풍잎 · 98
낚시 · 99
소라처럼 · 100
바보 · 101
헛똑똑이 · 102
마음의 길 · 104
친해지는 물 · 105
만남과 헤어짐 · 106
최고의 순간 · 108
대한민국 여권 · 109
진수성찬 · 111

시시콜콜 · 116
당신 손의 감촉 · 117
사진 · 119
절구통 · 120
한인 회장 메시지에서 · 121
가장 무거운 것 · 122
자물쇠 · 123
흔적 · 124
비우면 더 채워지고 · 125
밤 비의 행복 · 126
가을꽃 · 128
멘토 · 129
쓰나미 · 131
응급실도 가고 · 132
마지막 엽서라면 · 133
생일날 · 134
용기 · 136
바위와 이슬 · 138
찬양소리 · 139
함께 예배드리던 때 · 140
그리움 · 143
글씨 · 145
꿈 · 146
접촉 사고 · 147
이야기 · 149
딱 좋은 날 · 150
감사 · 151

10월 가을 꽃

피아노를 보내고 · 114
기다림 · 115

종교개혁 주일 · 152
조기 · 154

항생제 · 158
감탄사 · 159
대궐 · 160
첼로 · 161
멋진 사람 · 162
메모 · 164
엽서 · 166
무도회 · 167
노크 · 168
그리움의 맛 · 169
일광절약 시간 · 170
일의 귀결 · 171
맛난 인생 · 172
딸 · 173
미국에 온 날 · 174
잉꼬 부부 · 176
비교 · 178
이슬 먹고 살았나요? · 179
비밀 · 180
서러움 · 181
아끼는 시간 · 183

소풍 · 184
버팀목 · 186
감사절에 · 188
여행 · 190
봄날이 올까요? · 192
기대어 사는 삶 · 194
바닷가에서 · 195
나머지 삶 · 197
의사 · 198

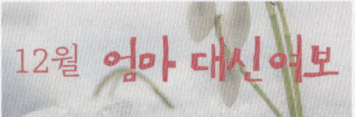

일상 · 202
감기 · 203
응원 · 204
조국 · 205
미세스 오 · 206
얼굴 · 207
생각 · 208
구름 · 209
작은 의자 · 210
참 좋아요 · 212
방문자 · 213
울보 · 215
넥타이 · 217
엄마 대신 여보 · 219

당신의 바램 · 220
글씨 · 221
목소리 · 223
선물 · 224
메시아 · 225
발을 닦아주며 · 226
삶의 노래 · 227
승부 · 228
사랑은 영원히 · 229
사랑 스텝 · 230
크리스마스 · 231
신발 · 232
월요일 · 234
일등석 · 235
잘 있다는 말 · 236
한 해를 보내며 · 238
바이 바이 · 239

1월 외투

새해 · 242
왜? · 243
헌금 · 244
기도 · 246
캔쿤 · 247
리더 · 248

가족 상봉 · 250
알고 있네요 · 253
고모 · 254
첫 강의 · 255
커피 · 256
성에 · 257
공책 · 258
그럴까요? · 260
빛의 나라 · 261
김치 찬가 · 262
케익 · 264
외투 · 265
큰딸 · 266
사랑 덩어리 · 267
은혜를 받고 · 268
기도 · 269
인기 있는 할아버지 · 270
안부 · 272
햄버거 · 273
그럴 수도 있지요 · 274
단단해졌다구요? · 276
사진 · 278
한 가지 일 · 280
지난 시간에 · 282
살았다고 할 수 있나요? · 283

8월

영원한 이별

전화로 주고받던 일상이 변했습니다

나 혼자 이야기합니다

당신 어디 있어?

거기가 어딘데?

그리고 마구 울어댑니다

거기가 어디냐고?

두려움

당신이 병원에 있다는 전화를 받았지요
갑자기 불안이 밀려왔습니다
난, 한 가지 말만 되풀이합니다
"여보, 살아만 있어 줘. 제발 살아만 있어 줘
그다음은 내가 다 할 수 있어"

아직 체온이 있는데
아직 몸은 따스한데
눈을 감고 있는 당신
내 작은 목소리도 곧장 알아듣더니
날 봐야 살맛이 난다고 하더니

울부짖어도, 불러도, 흔들어도
당신은 가만히 있었지요

내게 무슨 일이 일어났는지요?
어떻게 이런 일이 있을 수 있는지요?
두렵기만 합니다

아무것도 생각할 수가 없는
시커먼 공포
그 안에 웅크리고 있는 나를 봅니다.

2022. 8. 4.

아픈 말

누군가 당신을 시신이라고 불렀습니다
잔인한 말이었지요
너무 아픈 말이었습니다

그 말을 듣고도
그에겐 이름이 있다
왜 이름을 부르지 않는가?
말하지 못하는 내 가슴은
피를 흘리고 있습니다

그 피가 눈물이 되어 떨어집니다
뚝뚝.

2022. 8. 5.

흐느낌

꿈속에서도 울어요
흐느낌을 알 수가 있어요

엄마 잃은 아이가 엄마를 찾아 헤매듯
아이 잃은 엄마가 아이를 찾아 헤매듯

꿈속에서도 당신을 찾아 헤매며
흐느끼는
나.

2022. 8. 6.

당신 번호

전화 좀 잘 받으라고 당신이 권면해도
나는 말을 안 들었지요

이젠 바뀌었어요
눌러도, 눌러도 받지 않는 당신

못 받으면 언제나 미안하다고 하더니
그런 말도 없네요

전화로 주고받던 일상이 변했습니다
나 혼자 이야기합니다
당신 어디 있어?
거기가 어딘데?
그리고 마구 울어댑니다
거기가 어디냐고?

2022. 8. 7.

고통

큰딸과 큰아들이 왔어요
당신을 미국으로 보낼 절차를 밟아야 해요

주룩주룩 비는 오는데
영사관을 찾았어요
낯선 곳에서 생소한 일을 처리합니다

당신이 떠났다는 것을
인정하는 일
내겐
온몸에서 피를 짜내듯
고통스러운 것입니다.

2022. 8. 8.

이별

당신이 먼저 미국에 갑니다
잠시 어디를 다녀와도
"조심해서 다녀와 잘 챙겨 먹고"
이런 말을 하며 크게 포옹하고
보이지 않을 때까지
손을 흔들어 주었었지요

당신은 떠나는데
조심해서 다녀오라는 말도
잘 챙겨 먹으라는 말도
안아줄 수도
손을 흔들 수도 없네요

다만,
차마, 차마 할 수 없는 말을 해야 합니다
여보,
잘 가요.

2022. 8. 9.

여행 가방

짐을 챙겨요
당신이 입던 옷, 세면도구, 신발 …
가방에 차곡, 차곡 넣어요
한 가지도 남기지 않고 다 넣어요
손톱깎이까지

'여보, 우리 미국으로 돌아가요'
그 말을 하는데
걷잡을 수 없는 눈물이 떨어집니다
당신 옷, 소지품이 젖을세라
가방 뚜껑을 닫았습니다

그리고 또 열었습니다
당신 체취라도 맡아야
숨을 쉴 수 있을 것 같아서

그리고 당신이 미워졌습니다
가방을 한쪽으로 치워 버렸습니다
그것도 잠시
다시 뚜껑을 열어봅니다

당신 옷 가슴에 안고
흐느낍니다
여보,
나 어떻게 살아가야 할까요?

                                                  2022. 8. 10.

집

집에 왔어요
당신이 없는 우리 집
사람들은 홈, 스위트 홈을 노래하지요
내 집은 어딜까 생각해 봐요

문득 당신이 내 집이었다는 생각을 합니다
편하고 아늑했지요
긴장이 풀리고
가볍게 휘파람 불던 집이지요
햇살이 머무는 듯 따뜻하던
내 집

당신이 떠난 뒤
난 집을 잃고
떠돌아요
집시처럼.

2022. 8. 11.

환송예배

내일이 천국 환송예배가 있는 날이네요
천국 환송예배라는 말이 싫어요
난, 이렇게 슬픈데 환송이라니

'죽지 않은 것이다
다만 천국으로 옮기 우는 것뿐이다'
그런 위로 듣기 싫습니다
그 대신
내 물음에 침묵으로 일관하시는
하나님께 다시 여쭈어 보고 싶어요
왜? 왜? 그렇게 하셨냐고 …

그리고 당신에게도 물어보고 싶지요
어떻게 날 두고 떠났냐고?
어떻게? 어떻게? 그렇게 할 수 있었냐고 …

천국 환송예배가 아니라
슬픈 예배입니다
실컷 살지 못한 당신의 생애
당신과 실컷 살지 못한 나

그 애절함이 눈물로 흐르고 있습니다
철철.

                              2022. 8. 12.

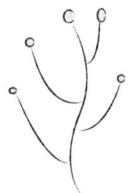

배웅

당신의 마지막을 배웅하고
난 아직도 살아있네요

앉지도, 서지도, 눕지도 못하고
먹지도, 마시지도, 잠들지도 못하고
살아있습니다

약도
주사도
끊어질 듯 팽팽하고 날카로운 내 신경
잠재우지 못하고 있습니다

여보 …
난,
삶에서 쫓겨난 사람처럼
거리를 배회하고 있습니다
당신 이름만
부르며.

2022. 8. 13.

대답이 없기에

눈을 뜸과 동시에
당신이 생각납니다

'여보 … '
내가 늘 부르던
당신 이름

여보, 여보, 여보 …
자꾸 불러봅니다

대답이 없으니
자꾸자꾸 부릅니다

얼마나
부르면 당신이
대답해 줄까요?

2022. 8. 14.

병든 여름

눈 부신 태양 아래 땀이 줄줄 흐르는데
당신 묘 앞에 서 있는
내 가슴은
병든 여름처럼
죽어버린 여름처럼
춥고 서리가 내리고 있습니다

하염없는 눈물만이 위로자 인양
추위에 떨고 있는 마음을
만져줍니다.

2022. 8. 15.

오열하며

당신 묘에 가서 울부짖었습니다
가려면 나도 데리고 가지
왜 혼자 갔냐고
가감 없는 내 마음이었습니다

내가 당신을 찾아
묘 앞에 가게 될 줄이야
내가 당신 묘 앞에서
오열하게 될 줄이야
내가 당신 이름을
묘 앞에서 부르게 될 줄이야
내가 당신에게 하고 싶은 말을
묘 앞에서 하게 될 줄이야

오늘의 현실이
공포라는 입을 벌리고 날 삼키고 있습니다
내 가슴안에서.

2022. 8. 16.

부르짖음

내 머릿속은 전쟁 중입니다
받아들이지 못하는 현실과
피 흘리며 싸우고 있습니다

이겨도, 져도 똑같겠지요
당신은 가고 없다는 것
절대로 내게 돌아올 수 없다는 것
당신은 죽었다는 것

'죽었다'
그 말이 너무 슬픕니다

자신이 가진 모든 것
그것이 재능이든, 물질이든
주님을 위해 사용하던 사람

말이나 행동에나
늘 다른 사람을 배려해 주던 사람
불의와 타협 없이 정의로 왔던 사람
왜 그런 사람을 데려가셔야 했는지

왜 내 남편이었는지
억울해서 나는 웁니다

난, 욥처럼 부르짖습니다
내가 태어나지 않았더라면
내가 결혼하지 않았더라면
내가 태어나기 전에 죽었더라면
내가 결혼 하기 전에 죽었더라면
이런 슬픔은 없었을 텐데 …
이런 고통은 없었을 텐데.

2022. 8. 17.

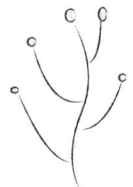

풀 벌레

비가 와요
우산을 쓰고
당신 묘 앞에 서 있어요

난
빗속에
얼굴을 깊이 묻고
몸으로 울고 있어요
풀벌레처럼.

2022. 8. 18.

울어도 괜찮아

울지 않으려는 노력을 하지 않으려고요
참으려는 노력도 하지 않으려고요
아직은 흐르는 눈물로
내 가슴을 비워야 할 때입니다

채워지고 또 채워지는 눈물
흘러넘치는 뜨거운 눈물
비워내고 또 비워내도
다시 채워지는 눈물

눈물 속에 가득한
그리움
우리들의 세월
45년.

2022. 8. 19.

차고 문이 열리고

드르륵- 차고 문이 열리네요
순간적으로 '당신인가?' 생각해요
차가 들어오는 소리

잠깐, 숨을 죽이고 귀를 세웠어요
'당신인가? 당신이 들어오는가?'
인기척 없이 살짝 들어와
살며시 나만 보고 가셨는지요?

밤, 낮으로 기다리는
내 마음 가여워 눈물 흘리고
가셨는지요?

2022. 8. 20.

분에 넘치는 사랑

오늘은 종일 눈물이 흘렀습니다
당신을 묘에 안장하는 날
수백 명이 오셨지요
그분들께 감사 카드를 적다가
주소를 모르는 분들께 문자를 드렸지요

주소와 함께 그분들이 보내 주신 내용이
날 이렇게 울게 만드네요
당신께
'분에 넘치는 사랑을 받았다'고 적혀 있어요

여보,
당신은 혹시 천사였나요?
날개조차 다른 이에게 주고
하늘로 돌아가지 못하고 우리와 함께 살던
천사.

2022. 8. 21.

둘

둘이라는 글자가 이렇게
좋은 줄 몰랐습니다
부부
남편과 아내
당신과 나

서로서로 웃음 짓고
소곤거리고
뺨을 비비대는
아름다운 글자 둘

그 의미를
왜 나는 당신이 떠난 이제야
알게 되었을까요?
미안함으로 울게 만드는 글자 둘
후회로 범벅 된 눈물을 만들어 내는 글자 둘.

2022. 8. 22.

남산 길

생각나요?
함께 올라가던 남산길?
내가 철부지처럼 힘들다고
짜증 부리고, 골내고, 심술을 부리면
당신은 웃으며
조금, 조금만 더 가면 된다고 말해 주었지요

당신은 내 손을 잡고 먼저 올라가고
그 손에 이끌려 올라가던 나

그래도 못 가겠다고 아우성치니
'자, 업어 줄게' 하고 등을 내어주었지요
그렇게 당신 등에 업혀 정상에 올라갔던 나

그날 찍어둔 사진 속에서
당신은 웃고 있네요
그 사진 가슴에 안고
난 이렇게
흐느끼고 있는데.

2022. 8. 23.

예쁜 시간

생각나나요?
명동길
저녁이면 손잡고 걸었잖아요

새신부처럼
새신랑처럼

군밤도 사 먹고
은행도 주머니에 넣고 걷던 길
더 이상의 행복을 바라지 않던 그 시간

그때
숨겨지고, 감지할 수 없었던
이별

여보,
우린 너무 행복했던 것은 아닐까요?

2022. 8. 24.

아끼던 것

당신이 일하던 곳을 치우고 있어요
십수 년을 한 공간에서 일하면서
단 한 번의 불평도 피곤하다는 말도
하지 않았지요
언제나 똑같은 모습 다정한 웃음

종이 한 장을 아끼고,
볼펜 한 자루 가지고
수년 동안 쓰던 모습
"여보, 왜 이렇게 모든 것을 아껴요?"
내가 물어보면
이렇게 대답해 주었지요

"내가 1불을 아끼면
누군가가 1불을 쓰게 돼요
그래서 우린 서로 아껴야 해요
휴지, 컵, 내 것이 아니라고
함부로 쓰고 버리면
안 되는 거예요"

오늘 오피스엔
당신이 아끼던 모든 것이 있습니다
컴, 종이, 볼펜, 안경 …
그들도 눈물로 호소하는 듯합니다
주인을 찾아달라고
애처로운 눈으로 날 바라보며.

            2022. 8. 25.

흔적

대대적으로 청소를 해요
오래된 그릴도 버리고
안 쓰던 냉장고도 시티에서 가져갔어요
그 자리들이 깨끗하네요
물건은 버리면 돌아오지 않는데

추억은 버려도 내버려도
다시 돌아오네요

버릴수록 쌓여만 가는
그리움
당신 흔적.

2022. 8. 26.

추억

추억이라는 것이 이렇게 아픈 것이라면
추억이 아름답다는 것은 거짓입니다

추억이 주는 아픔 때문에
잠 못 이루고 눈물 흘리는
내 마음을 안다면
아무도 추억이 아름답다고
이야기할 수 없습니다

당신이 지나간 자리에
남겨진 추억 …
내겐 마음이 찢어지는
고통입니다
흐느낌일 뿐입니다
지우려고 애쓰는
몸부림일 뿐입니다.

2022. 8. 27.

찬란했던 시간

오늘 큰딸과
당신이 간 후 끝내야만 하는 일을 했습니다
햇살이 예쁘고 하늘이 얼마나 청명한지
문득 당신과 걷던 그 옛날이 생각났습니다
몹시 어렵던 시절 당신은 온종일 일만 했지요

그때
내 귀에 이상이 생겨서
우리 병원에 다녀왔잖아요
그날 진료를 마치고
병원을 나서는데
구름다리를 지나가야 했지요

당신이 얼마나 좋아하던지
이렇게 햇볕이 가득한 길을
나와 함께 걸으니
너무 행복하다고 하며 내 손을 잡아 주었지요
우리 위로 찬란한 태양이 쏟아지고 있었고
우린 손을 붙잡고 흔들며
어린아이처럼 잠시 아무것도 생각지 않았지요

여보, 당신은 가고
그 시절 생각하는 마음엔
눈물만 가득합니다.

2022. 8. 28.

날 찾아낸 당신

오늘은 갑자기 전 교인 야유회 생각이 나요
게임이 있었지요
시무 장로님 일곱 분의 눈을 수건으로 가렸지요
볼 수 없는 장로님들 앞을
부인되시는 일곱 분이 지나가요
손을 만져보며 자기 아내인지 아닌지를
알아내는 게임이었어요

그날도
난, 딸이 나중에 온다고 해서
아이들이 언제 오려나 서성이며
저 멀리 길가를 돌고 있었어요
그때
날 찾아다니던 당신을 만났는데
얼마나 좋아하던지
보물찾기에서 번호를 찾은 사람처럼
크게 웃으며 우린 게임에 가야 한다고 했지요
내가 없으니, 게임을 하지 못하고 찾아다닌 거예요

마지막 게임이 진행 중이었는데

여러 장로님이 본인의 아내 손을
한 번에 알아맞히지 못하셨어요
우린 너무 늦어서 기회가 없었지요

당신이라면 내 손을, 눈을 가리고도
한 번에 알아낼 수가 있었을 텐데
오늘은 당신이 날 찾아내고 기뻐하던 그 모습이
이렇게 눈물 나게 하고 있습니다

날 찾고 그렇게 기뻐하던 당신
지금은 어디 있나요?

2022. 8. 29.

새

밤에 우는 새가 있다 지요
가지에서 가지로 옮겨 다니며
남들이 잠든 시간에
홀로 우는 새를 생각합니다

그 새도
그리움 못 잊어 우는 것일까요?
이 밤에
당신 못 잊어
홀로 우는
나처럼.

2022. 8. 30.

묘 앞에서

오늘은 당신의 묘에 아이들과 갔었어요
모두가 한마디씩 했어요
"할아버지, 보고 싶어요. 사랑해요"
당신의 손녀딸이 말했어요
큰아들은 "엄마 걱정 말고,
아무 걱정 말고 편히 쉬시라" 말했고,
막내아들은 "자랑스러운 아빠의 아들이 되겠다" 말했지요

며느리는 이런 말을 했어요
"아버님의 사랑과 헌신, 지켜오신
그 발자취 밟아가며 열심히 살겠다"고요
당신의 큰딸은
"매일 아빠의 웃는 얼굴 생각하며 산다"고요
"참고, 인내하는 아빠 닮은 딸이 되도록
노력하며 살고 싶다"고요

나요?
이렇게 말했지요.
"여보, 난 자꾸 눈물이 많아져요
좀 더 씩씩하게 살 수 있도록

하나님께 부탁드려 주세요"라고요
내가 말을 마치고
당신이 좋아하는 〈주의 약속하신 말씀 위에서〉* 부르고
주기도문하고 집으로 돌아왔어요
우리들의 말도, 찬양도 눈물이었고
맺음도 눈물이었습니다

여보, 당신은 하늘에서 다 보고 있었지요?
우리와 함께 뜨거운 흘리면서
보고 싶어요.

2022. 8. 31.

* 찬송가 546장

눈을 뜨나, 감으나

당신만 찾는 바보가 있지요

돌아오지 못한다고

아무리 가르쳐 줘도

훌쩍이며

당신만 찾아다니는 바보.

이름

눈물로
겹겹이
새겨지는 내 안에
글자

지워도, 문질러도
사라지지 않는
눈물로 깊게 파인
당신 이름

단 하나
내 사랑
당신 이름.

2022. 9. 1.

소개

꿈을 꾸었어요
우리가 스물세 살 아주 젊은 나이였지요
우린 십 년을 사귀어 왔고 곧 결혼을 한데요
손을 잡고 걸었는데
당신의 체온이 그대로 느껴졌어요
따스하고, 부드러웠지요

저녁 7시경, 부드러운 피리 소리처럼
고요가 흐르는 고즈넉한 오솔길을
우리 둘만 걷고 있었어요
당신과 나의 손속에 숨겨져 있던 사랑을 주고받으며 …

꿈속에 내가 입은 옷이 예쁘지 않았어요
내일은 예쁜 옷 입어야지
그런 생각을 하다가 꿈이 깼어요
꿈이 깨고 예쁘지 않은 옷을 입었던 나를 생각해요

당신은 날 소개할 때
입은 것이 허술해도 초라해 보여도

민낯이라도 자랑스러운 아내였지요
"아, 이 사람이 나와 한방을 쓰는 사람입니다"
환하게 웃으며, 시원한 목소리로 말했지요.

그리워요.
"이 사람이 나의 아내입니다"
그 말을 듣던 때

손을 뻗어도 잡히지 않고
눈물로도 소생시킬 수 없는
부부로 살던
그때 그 시절.

2022. 9. 2.

뒷모습

여보, 당신 큰아들이 이런 말을 했어요
다윗보다 당신이 더 훌륭한 사람이었다고요
다윗은 큰 죄를 지었던 사람이었고

아빠는
누군가의 아픔을 보면 눈물을 뚝뚝 흘렸었고
진심으로 다른 사람의 번영을
기뻐해 준 사람이었다고요
어느 날인가 식탁에서 지인 이야기가 나왔대요
그분은 아빠와 친분이 두터운 분이었지요
사회적으로 명망도 있고 본받을 것이 많다고
지인을 칭찬하고 있었대요
그 말을 듣던 아들이
'아빠도 훌륭해요'라고 말하니
'어떻게 나 같은 사람을 그런 분과 비교하냐'고
손을 흔들었대요
아빠는 겸손한 사람이었다고 아들이 말해요

이어서 이런 말을 해요
먹을 것이 없어도 교회에 바치는 것을 먼저 했고

없는 중에 교회 오르간, 피아노 필요한 것이면
언제든 앞장서서 사 놓고 하나님 사랑하는 마음이
흔들리는 일이 없었다고요

언제나 다른 사람의 의견을 존중하는 신사였고
지혜의 사람이었다고요
자기가 만난 이 세상 사람 중에서
가장 훌륭한 사람이 아빠였대요

우리 아이들 다섯 명 모두가 그런 말을 해요
그것이 당신의 뒷모습입니다
멋진 당신의 삶이었고요
우리가 따라가야 할 발자취지요

그럼에도
뒷모습을 바라봄은 눈물이네요
다정히 웃어 주는
당신 얼굴
앞모습이 너무 그리워요.

2022. 9. 3.

상상의 새

밤에 약을 먹지 않기로 했어요
내가 나를 돕지 않으면
아무도 날 도와줄 사람이 없으니까요
이대로 정신병자가 되지 않으려면
이대로 공항 장애인이 되지 않으려면
내가 정신을 차려야 함을
느끼고 있어요

한쪽 날개를 잃어버린 새
하늘을 바라봅니다
가여운 새는
퍼덕거립니다
날아야 하는 창공이 두려워서

그런 상상이 나를 울게 합니다
마치내 모습을 보는 것 같아서.

2022. 9. 4.

내 잘못

나, 만나고 외로 왔을 당신 생각해요
영원히 같이 있을 줄 알고 반복하던 나의 불찰
이제 보이는 것은 못 해 준 것들이네요

어머님, 아버님 돌아가셨을 때는
난, 최선을 다했다는 생각만 들었어요
어떤 죄책감도 없었지요

그런데 당신은 아녜요
내 잘못만 보여요
미안해 여보 … 하면서 나는 울어요
당신이 다른 사람을 만났더라면
더 행복했을 텐데 …

따스한 말 한마디조차 아끼며 살아온
죄책감에 가슴이 미어집니다.

2022. 9. 5.

비행기 안에서

오늘 걸으며
멀리 떠가는 비행기를 바라보았지요
저 비행기 타고
10일, 20일, 30일 가고, 또 가서
당신을 만날 수 있다면 얼마나 좋을까
난, 신나서 비행기에 오를 텐데 …

비행기 생각하니 또 눈물이 나요
날 비즈니스석을 예약해 주고
당신은 일반석을 타야 했던 때
내가 누워 가는 모습을 보며
그렇게도 좋아했지요
비행기 안에서도 틈만 나면
날 보려고 비즈니스석과 일반석을
오고가던 당신

기댈 곳 없는 마음이
찾아가네요
당신 사랑이 머물던
지난 시간에.

2022. 9. 6.

감정

외로움이나 고독을 느낀다면
사치스러운 감정입니다
건강하고 용감한 사람의
내면세계입니다

당신을 잃은 마음엔
고독도 없고 외로움도 없습니다
마비된 감정이 있을 뿐입니다

느낌이 없는 삶
동상처럼 서 있는 내 마음이
할 수 있는 것
눈물 …
그게 전부입니다.

2022. 9. 7.

'고' 한 글자

당신 이름 앞에 쓰인
'고'(故)
지워 버리고 싶은데
없애 버리고 싶은데
방법을 몰라요
너무나 싫은 글자

당신 이름 앞에 오는
'고'
그 한 글자.

2022. 9. 8.

당신 베개를 보며

당신이 간 후에
당신 베개만 내 옆에 누워있습니다
눈물이 되는 베개
그것을 보며 난 아이들에게 말합니다

'밤이 되고 일터에서, 학교에서,
땀 흘리던 가족이 모두 들어와
내 주위에서 잠을 자고 있다면
은혜이고, 평안이고, 가장 큰 축복'이라고
말해 주지요
내일을 꿈꾸며 잠들은 가족의 모습보다
더 아름다운 그림은 세상에 없다고요
그것보다 더 큰 행복은 바라지 말라고요

밤에 기대어
뜬 눈으로 새벽을 맞이해도
당신은
돌아오지 않으니까.

2022. 9. 9.

천사

딸과 함께 공증을 받으러
한국 총영사관 민원실을 찾았어요
젊은이가 친절하고 시원스럽게
일을 처리해 주네요
내 마음이 어떤 이의 친절한 일 처리로
잠시 슬픔을 잊어요
당신도 이 젊은이처럼 친절한 사람이었지요

생각나요?
나 귀 수술하고 병원에 누워있던 날
불쌍한 아줌마, 가족도 없고, 돈도 없고
몹시 어려운 분이 이사를 해야 했잖아요
친척도 오지 않고, 친구도 안 오고
도와주는 이, 한 사람도 없으니 당신이 갔지요

하루 종일 이삿짐 다 날라주고
후줄근한 모습으로 병원에 들어온 당신

그 아주머니가 두고두고 이야기했어요
당신은 천사라고.

2022. 9. 10.

뒤 늦은 고백

45년간
당신이 부어준
사랑의 무게, 깊이, 높이, 넓이가 몰려옵니다

아침이면 잘 잤냐?
환하게 웃으며 안아주던 당신
난, 투정 부리고 싶어 하는 아이처럼
잘 못 잤다고 뚱한 얼굴로 말하면
그렇게도 안타까워했지요
왜, 잘 못 잤지? 걱정하면서

그리고 다음 날 아침에 '잘 잤다'는 대답을 들으면
얼마나 기뻐하던지
그것이 하루, 이틀 … 매일이었지요

밤이면 이불을 잘 펴서 덮어주고
볼에 키스해 주며 잘 자라고 말해 주던 당신

당연한 줄 알았지요
언제나 그랬으니까

지금 내 눈물의 근원은
당신이 내게 주던 온갖 종류의 사랑입니다
그 사랑 속에 당신이 말하고 싶어 했던 것은
'여보, 당신은 나의 모든 것이에요
꼭 기억하길 바라요'

그 뜻을 이제 알아가며 난, 대답합니다
'알아요. 여보, 나도 똑같아
당신은 나의 모든 것이었지요
꼭 기억해 줘요.'

2022. 9. 11.

잠시 정든 교회를 떠나

교회를 잠시 옮겼어요
당신 흔적 가득함 눈물이 되기에
잠시 떠나 있겠다고 목사님께 말씀드렸습니다

당신이나 나를 아는 사람이 없는 곳에 나갑니다
가만히 예배만 드리고 돌아오지요
난,
아무도 만나지 않고,
누구와도 전화조차 하지 않고 있습니다
아직은 내 마음이 그걸 원해요
세월이 흐르고 눈물이 줄어질 때
그때 한걸음 다시 떼어 보려 합니다

지금은 이것이 나를 위한
최선의 방법같이
느껴집니다.

2022. 9. 12.

위로의 말

누군가 말했습니다.
천국 가셨는데 왜 우냐고?
믿음으로 기도하라고도 합니다
하나님이 기뻐하라고 하셨으니
기뻐하라고 말하기도 하지요

사랑하는 사람을 먼저 보내고
피눈물을 흘리는 사람에게
믿음으로 기도하고
기뻐하라는 권면은
얼마나 야속한 것인지요?

알아요
모두 날 사랑하는 위로라는 것을
표현의 차이라는 것을
격려는 고마운데 마음은 무척 아프네요
난, 아마 이런 대답을 하고 싶었는지 모릅니다
고맙다고

하지만 하나님도 이해하실 것이라고요

우리 주님도 울고 계실지 모른다고요
당신의 자녀인
내가 이토록 아파하니까.

2022. 9. 13.

전도의 고수

오늘 주일 설교 말씀이 전도였습니다
또 당신 생각
당신은 전도에 고수,
비 오는 날은 전도하는 날이었지요
크기가 비치에 세워 놓는 파라솔 같은
우산을 가지고 마트로 가서
장 보고 나오는 분들에게 씌워 주고
카트를 밀어주고
차에 물건을 담아 주는 것까지 담당을 했었지요

그러면 뛸 듯이 고마워하면서
"어느 교회 나가시냐?"고
자진해서 물어보셨지요
그렇게 전도하며 교회를,
하나님을 전파하며 살던 당신
어떻게 하면 전도를 더 잘 할까?
당신의 선택은 언제나 섬김이었지요

특별히 전도라는 항목을 달지 않아도
당신은 그런사람이었지요

타고난 섬김의 사람
은혜의 사람.

2022. 9. 13.

날 깨우는 말

친구와 전화를 했지요
졸업장 때문에 잊고 살았던
학교 이야기를 물어보고 있어요

신학교 이야기를 하니까
"그래, 귀순아
훌륭한 삶을 살아 가셨던
네 남편 뒤를 네가 이어가렴"

그 말에 흐느꼈습니다
너무 고마워서
친구의
한마디 말이
나를 흔들어 깨워 줍니다

그래, 그렇게 살아야지
훌륭하게 살았던
내 남편 뒤를 이어.

2022. 9. 14.

부정과 인정

오늘은 뼈 닥터를 보고 왔어요
당신도 나 때문에 여러 번 이곳에 왔잖아요
MRI 찍어 보자고 하네요
왜 통증이 계속되는지

당신은 인기척도 없네요
내가 이렇게 힘든데
말 한마디 안 해 주네요

떠났다는 것은
다신 돌아올 수 없다는 것을 실감합니다
인정할수록
더욱 부정하고 싶어지지요
무엇을 부정하나요?
아니라고? 살아있다고?
내 곁으로 올 것이라고?
부정과 인정이 내 가슴안에서 싸웁니다
피차에 눈물을 흘리며.

2022. 9. 15.

사나 죽으나 주의 것이라

오늘은 천천히 낙엽을 밟으며 걸어가요
전화기, 카톡도
안 보고 산 지 오래되었지요

조용하네요
가을만 보여요
가을 속에 기도를 담아봅니다

무슨 기도를 하는지도 모르겠어요
눈물은 비 오듯 하고

주께서 말씀을 주시네요
내가 살아도 주를 위하여 살고
죽어도 주를 위하여 죽나니
그러므로 내가 사나, 죽으나
주의 것이라

위로 위에 위로였습니다
사나 죽으나 주의 것
주께서 당신 가슴에 붙여 준 명찰 같아요

아,
당신 좋겠다
주께로부터 그런 칭찬을 받고 …
나도 그렇게 멋진 삶을 살다가
주님 곁에서 당신 만나고 싶어요

사나, 죽으나 주의 것이라
그 말씀에
어린아이처럼 흐느끼고 있습니다
너무 감격해서.

2022. 9. 16.

흐느낌

너무 많이 운 날은
잠을 더 못 이룹니다
어제는 흐느낌이
날 깨워 놓곤 했습니다
몇 번이나 자고, 또 깨고 …

당신 알아요?
내가 얼마나 잠을 자고 싶은지
그래야 당신을 잊을 수가 있으니까.

2022. 9. 17.

버킷 리스트

아침이에요
천천히 걸어요
가을 하늘은 아름다워요
푸르러요
하얀 구름이 쓴 글씨가 보여요

내 마음을 적어 가네요
'여보, 잘 있어?
참, 예쁘지? 오늘 날씨?
이런 날은 당신과 함께 걷고 싶다
아니, 여행이라도 떠나면 좋겠다
아니, 아니
길가에 있는 의자에 앉아 보고 싶어요

당신은 벌레를 잡아 손에 올려놓고
이것 봐, 이것 봐 하면서 날 놀릴 것이고
난, 기절을 하며 뛰어가겠지
뛰다가
당신과 함께 그네에 앉아 보고 싶어요
그네가 싫으면 잔디밭에 누워

실없는 말로 날 웃게 만드는
당신 유머를 듣고 싶어요

버킷 리스트처럼
하늘엔 편지가 쓰여있고
그것을 읽어가며
내 눈엔 뜨거운 눈물이 흐르네요
이룰 수 없는 바램 가슴에 안고.

2022. 9. 18.

선한 영향력

오늘 기도하며 주께서 주신 말씀은
선한 사람은 그 쌓은 선에서 선한 것을 내고 …
선하게 살았던 당신 생각해요

그 옛날
유학생들에게 아파트 알아봐 주고
차 편 주고, 이사해 주고, 유학생들의
아버지로 살았잖아요

그리고
궁색하고, 없고, 주리던 분들의
산타클로스로 살아오던 당신,
잊혔던 시간들이 생각나요
당신이 베푼 선한 일들을 쌓아 놓으면
얼마나 될까요?

어떤 지인이 딸에게 이야기하셨대요
크리스천들이 범하는 과오는
교회와 삶이 다르다는 것인데

오 장로님은 가정과 사회, 교회생활이
늘 주님께 하듯 그렇게 사셨던 분이셨다고요
본받고 싶다고요

여보, 당신이 만든 생활이
사람들의 가슴으로 흘러가고 있네요
선한 영향력이란 이름을 달고
나누어 주고
또 나누어 주며.

2022. 9. 19.

단풍잎

당신 성경책에 예쁜 단풍잎을 넣었어요.
당신 목소리가 들려요
'참, 예쁘네. 고마워요'

당신은 그런 사람이었죠
작은 잎새 하나에도 사랑의 가치를 두고
소중히 여기고 두고두고 아끼는 사람

당신의 생애는 대충이 없었죠
대중의 열광이 필요치 않았고요
대인이라 선별해 보는 법도 몰랐지요
오직 당신은 오늘을 사랑했고
함께 지내는 사람을 사랑했고
자기 일을 사랑했고
작은 것에 큰 의미를 부여하며 아끼고
사랑하던 하나님의 사람이었죠

당신에게 삶이란 그런 것이었을까요?
매 순간을 고이고이 사랑하는 것.

2022. 9. 20.

낚시

전도와 낚시에 대한 설교를 들으며

우리, 플로리다에 가서 낚시하던 생각이 났어요
피둥피둥 살아서 올라오던 물고기 …
당신, 환호하던 그 모습 …

그때 우린 행복을 낚고 사랑을 끌어 올렸지요
그러면 바다는 출렁이며 춤을 추고 있었지요

바다, 그곳엔
신비가 숨겨져 있었어요
뭔가 틀린 데 그것이 무엇인지 몰랐지요
마냥 즐겁기만 했으니까

이제 다시 그 바다에 가 본다면
어떨까요?
신비함이 사라진 바다겠죠
당신을 찾고 있는 내 마음만 메아리로
꽉 채워져 있을 테니까.

2022. 9. 21.

소라처럼

오늘은 피트니스에 갔어요
요즈음 걷기를 좀 심하게 했더니
아프던 다리가 발목까지 시큰거려요

당신이 곁에 있으면 아무 걱정이 없었지요
당신은 나의 수호 천사였잖아요
그런데 지금은 겁이 나요
이젠 당신 없이 살아야 하니까

스스로 지켜야만 해요
건강하게 살다가 주님 곁에서
당신 만나야 하니까요

나, 잘하고 있다고 칭찬 좀 해 줘요
나, 소라처럼 귀를 열어요
내 귀에 속삭여 줄 당신 목소리
그 응원 듣고 싶어서.

2022. 9. 22.

바보

오늘도 수영장에서 걷고 왔어요
힘이 들어 누웠지요
눈을 감고 생각해요

이대로 당신 곁에 갈 수만 있다면 …
이대로 눈을 뜨지 않으면 얼마나 좋을까 …
지쳐버린 내 마음 뜨거운 눈물이 마구 흘러요

눈을 뜨나, 감으나
당신만 찾는 바보가 있지요
돌아오지 못한다고 아무리 가르쳐 줘도
훌쩍이며
당신만 찾아다니는 바보.

2022. 9. 23.

헛똑똑이

당신이 내 곁에 있을 때
컴퓨터를 못 하고, 영어도 못 하고
아는 게 없어도 참 당당했어요

<u>스스로에게</u> 아주 관대했지요
지성인이라고 후하게 대했습니다

당신이 가고 난, 바보 같아요
바뀐 것이 하나도 없는데
자신감이 전혀 없는 사람이 되어 버렸네요

당신이 내게 늘 해 주던 말
'당신 나이에 컴퓨터 그 정도면 아주 잘하는 거지요
편지 쓰고, 글 쓰고 그 정도면 얼마나 대단 한가요?'

'당신 정도면 영어 잘하는 거예요
읽고, 해석하고, 듣고, 말하고 … 뭘 더 원해요?
못 할 것 없지요
당신 다 할 수 있어요'

늘 나에게 자신감을 주던 그 말들이 먼 메아리처럼
아득하게 들려오네요
'당신, 잘할 수 있어. 잘하고 있는 거야!
할 수 있지? 아자!'
당신이 있어서 가능했던 똑똑한 삶
이제 알았어요
헛똑똑이
나.

2022. 9. 24.

마음의 길

뚝뚝 낙엽이 떨어지는 길을
뚝뚝 눈물이 떨어지는 길을
뚝뚝 그리움이 떨어지는 길을
뚝뚝 슬픔이 떨어지는 길을
걸어갑니다

'이제 가을이다'라고 말하려다
이게 '내 마음이다'라고 말해 버렸습니다

내 마음의 길
그곳엔
당신 그리워 흘리는 눈물이
하염없이 떨어지고 있습니다
낙엽처럼.

2022. 9. 25.

친해지는 물

물이 좋아지고 있어요
조심스럽게 물 속으로 한발, 한발 걸어 들어가요
적당한 깊이까지

물은 기다리고 있다가
날 휘감고, 찰랑거리며 내 주위를 감돌아요

물은 날, 품에 꺼안고
흐르는 눈물을 닦아주고 토닥여 줘요
괜찮다고, 괜찮을 것이라고

당신이 떠난 후 맘 붙일 곳 없던 내가
물에 맘을 붙이고 살아가네요

나를 나보다 더 잘 아시는 하나님이
물을 이끌어 오셨네요
독처하는 아담을 위해
하와를 이끌어 오셨던 주님은
똑같은 모습으로 날 사랑하고 계심을 생각합니다.

2022. 9. 26.

만남과 헤어짐

당신이 가고
난, 다리가 아파 수영장에 와요
그전엔 수영을 잘하는 것만 목적이었는데
이젠 물을 즐겨요

손에 감기는 물
내 몸을 포옹해 주는 맑은 물
바라보고, 느끼고, 고마워하고,
사랑하는 수영법이에요
난, 삶을 천천히 서두르지 않고
하나, 하나 다시 배워가요
수영을 못해도
수영장은 참 즐거운 곳이라는 것을
알아 가고 있어요

이제 알았어요
작곡을 못 해도 음악을 사랑하는 것이나
그릴 줄 몰라도 그림을 감상하는 것
글을 쓸 줄 몰라도 책을 사랑하는 것
모두 같은 이치가 된다는 것을요

만남의 회가 거듭할수록
친해지니까요
사랑하게 되니까요

만날수록 사랑하게 된다면
헤어지는 것은 무엇일까요?

헤어짐이란 드러내지 않고
눈물로 사랑하는 것

눈물로 사랑을 키워 가는 것
그런 것일까요?

2022. 9. 27.

최고의 순간

어제 꿈을 꾸었어요
꿈속에서
우린 팔짱을 끼고 정답게 걸어가고 있었어요
말끔하게 차려입고 깔끔한 길 위를 걸었지요

꿈을 깨고 생각해요
당신 팔짱을 끼고 걷던 길
당신 싱거운 말에 까르르 웃고 또 웃고
내 웃음, 당신 웃음이 길가에 뿌려지고
그 웃음소리 듣고 바람이 온 세상에
미소를 실어 나르던 그때

나의
최고의 순간들은
대단한 발표회가 아니라
사람들이 우러러보는 그런 순간이 아니라
당신의 팔짱을 끼고 걸을 수 있었던
그때였다고요.

2022. 9. 28.

대한민국 여권

여보,
당신이 가기 하루 전날이었어요
외국인 출입국 사무소에 가자 했지요
난, 덥고 힘들어서 다음에 가길 원했는데
당신이 굳이, 굳이 그날 가자고 해서
입이 댓 발이나 나와 따라갔지요

사실 난 아무것도 모르지요
우리 서류가 얼마나 진행 중인지,
어디서 무엇을 해야 하는지
당신이 척척 알아서 하니
내가 알 필요도 없었으니까요
그날, 대한민국 주민등록증을 찾아서
내게 건네주었지요

그리고 다음날 떠났네요
영원히 내 곁을 떠날 것임을
당신은 알고 있었나 봐요
당신은 날 위해 모든 것을 다 … 끝내고
마지막 이별을 고해 주었네요

여보,
그날 하지 못한 말,
아니 살아가며 해야 했을 말을
허공에 대고 이야기합니다

고마워요
그리고 나는 통곡합니다
뒤늦은 표현이 미안해서.

2022. 9. 29.

진수성찬

토요일이면 우리가 자주 가던
단 스시, 오늘 그곳에 갔어요
당신은 생선찌개, 나는 새우롤
언제나 똑같은 메뉴였지요

우리 삶의 메뉴도 언제나 똑같았지요
아침에 눈을 뜨고
일하고, 먹고, 자고, 웃고, 말하고,
걱정하고, 슬퍼하고 …
당신과 먹던 45년 세월
그것이 진수성찬이었음을 요즈음 알게 되었지요

오늘도 똑같은 메뉴판을 읽어가고 있어요
생선찌개 …
갑자기 숨이 막혀요
어디선가 이제 막 돌아와
내 앞에 앉은 듯한
당신 모습 생각나서.

2022. 9. 30.

가던 길 멈추어 서서

가을꽃을 바라봅니다

꽃 이름 물어봐 주던 당신

그리워 눈물 납니다.

피아노를 보내고

스타인웨이 피아노
딸네 집으로 보냈어요
보내고 후회했어요
놔둘걸 … 당신이 산 것인데

보내려고 할 때는
내 삶을 하나씩 정리하고자 하는 마음이었는데
보내고 나니 섭섭하네요
물건도 빈자리가 크게 보이는데

당신의 빈자리는 어떻겠어요
어떤 것으로도 메울 수 없는
당신의 빈자리를
한밤 내 우는 내 눈물로
채워갑니다.

2022. 10. 1.

기다림

당신이 떠난 날은 8월 4일
오늘은 10월 2일

그 사이
여름은 가고
가을은 깊어지고 있어요
여행을 떠났던 이들도
방학을 즐기던 아이들도 모두
집으로 돌아오는 계절이지요

아직
집으로 오지 않고
내 품으로 오지 않은 당신을
난, 기다려요
하루 종일 서성이며
가을 길에 서서.

2022. 10. 2.

시시콜콜

오늘도 수영장에 다녀왔어요
이곳도 부부가 동행하셔요
난 그분들을 몰래 바라봐요
그분들의 말은 들리지 않아요
무슨 대화인지 알 수 없지만
시시콜콜 한 사는 이야기겠지요

그렇게 하루 함께 늙어갈 수 있는
남편이 있다는 것이
그렇게 말을 주고받을 수 있는
아내가 있다는 것이
얼마나 사랑스러운 일인지
저분들은 알까요?

2022. 10. 3.

당신 손의 감촉

어제 꿈을 꾸었어요
앞서가는 당신의 손을 잡으러 내가 뛰어갔어요
꿈에서도 당신 손을 놓칠까 봐 겁이 났지요

지금 놓치면
영원히 못 잡을 것 같은 그런 느낌이었어요
달려가 당신 손을 잡았는데 똑같았어요
여자 손보다는 두툼하고
남자 손보다는 부드럽고 매끄럽지요

단번에 알았지요
그 감촉
그 느낌

유일하게 내 머리가 인지하는
손의 두께와 길이
꿈을 깨고도 촉감이 그대로예요
당신 손은 눈을 감아도 만져보면
바로 알 수 있어요.
여보, 만나면 내 눈을 가리고

손을 내밀어 보세요
당장 알아맞힐 수 있을 테니까.

2022. 10. 4.

사진

아이들 사진을 좀 치우고
우리 둘이 찍은 사진을
여기저기 많이 걸어 놨어요

우리 크루즈 여행 가서 찍은 것
당신은 백작 같고
난 백작 부인 같다고 한 그 사진 말에요
사진을 걸어 놓으며 마구 눈물이 쏟아졌어요

굶주림을 견디다
허겁지겁 밥을 먹는 사람처럼
그리움에 겨워
눈물로 허둥지둥 사진을 보고 있어요

내 손을 당신 가슴에 대고
당신은 내 어깨에 손을 대고

흐르는 눈물로 보고 있습니다
우리들의 지난 시간을.

2022. 10. 5.

절구통

집 앞에 단풍잎이 수북이 떨어졌어요
그 잎을 밟아봐요
와삭와삭
소리가 참 즐거워요

당신 음식 씹는 소리가 생각나요
너무 소리가 요란해서
모르는 사람은
"혹시 돌멩이를 씹었나요?" 물었지요
"아니요, 내 절구통(치아)은 유별나요
항상 이런 소리가 나지요" 하면서 웃었지요

와삭와삭 큰소리 내며
그토록 맛있게 먹던 당신

와삭와삭
낙엽 소리처럼
내 가슴에 들려오는
그리운 당신과의 식사 시간.

2022. 10. 6.

한인 회장 메시지에서

우연히 책을 정리하다
2000년도에 발행한 한인회 책을 발견했지요.
사진 속 당신 참 젊어요.
회장 인사말을 다시금 읽어가요.
한 해의 일을 마무리하며 적은 글이에요.

2000년도였으니까
아직 한인 사회에 웹사이트가 개발되지 않았었기에
웹사이트 개발이 시대적인 요구와 과제라고 말합니다.
그 과제가 산고를 거쳐 개발되었고
완성되었음을 알리는 글이 적혀 있어요.

묵묵히 한인 사회를 섬기던
당신의 지난날의 시간을 읽어가고 있습니다.
책 속에서.

2022. 10. 7.

가장 무거운 것

이제 알았어요
무거운 것은
산을 옮기는 것이 아니라
바다를 떠오는 것이 아니라
그리움이라는 것을

세상에서
가장 무거운 것은
무게가 아니라
부피가 아니라
당신이 내게 주고 간
그리움이라는 것을.

2022. 10. 8.

자물쇠

나는
슬픔이라는 자물쇠로 채워진
어느 지점에 살고 있습니다

어두움만 존재하는 곳
빛이 비치지 않는 캄캄한 곳

뜨거운 눈물만 범람하는
두렵고, 무서운 곳.

2022. 10. 9.

흔적

죄는
예수님의 보혈로 지워지고
낙서는
지우개로 지우지요

그런데
지울 수 없는 것
절대로 지워지지 않는 것이 있어요

당신이 내게 준
내가 당신에게 받은
흔적

오고, 가고, 돌아서도
또다시 찾아오는 것
얼룩 깊어
지울 수 없는 사랑의 흔적.

2022. 10. 10.

비우면 더 채워지고

눈물이 꽉 찼습니다
찰랑찰랑
건드려도 쏟아집니다

비어내도
부어 버려도
쏟아 내도
더욱 많아지는
내 눈물

당신이라는
이름 속으로
빠져들어 가는
내 눈물.

2022. 10. 11.

밤 비의 행복

비 소리가 들려요
밤비네요
소리를 들어보면
소나기보다는
약하고
이슬비보다는 강한
가랑비 같아요

가랑비는
불빛에서 봐야 예뻐요
비 같지 않고
찬란한 빛,
빛이 쏟아지는 것 같아요

오늘 이 밤
그 가랑비를 보려고
불빛 속으로 달려가요

우리가 함께 창가에 서서
보던 그 빛 …

그 행복
행여 마음에 찾아와 줄까
기대하며.

                                        2022. 10. 12.

가을꽃

집 앞에 꽃이 피었어요
노란색 가을꽃

당신, 목소리가 들려요
"저 꽃 이름이 뭐지?"
참 예쁜데 …

꽃 이름에 문외한 나는
"음 … 야생화?, 나도 이름 몰라요"
그렇게 대답했지요

들어도 잊어버리는 꽃 이름
여태 모르고 있어요
가을꽃이라는 것밖에

가던 길 멈추어 서서
가을꽃을 바라봅니다
꽃 이름 물어봐 주던 당신 그리워
눈물 납니다.

2022. 10. 13.

멘토

사람들은 멘토가 필요하다고 해요
의논하고 올바른 결정을 하기 위해서요
내게 멘토란 당신이었지요
어떤 일이라도 의논하면
주님 안에서 옳은 방향을 제시해 주었으니까

그 대답이 날 불편하게 만들 때도 많았지만
마음은 옳은 생각이라고
언제나 고개를 끄덕였지요
솔로몬처럼 지혜로웠던 당신의 판단과 조언
현명한 방향을 제시해 주었죠

만약 지금 내 심정을 하소연하면
어떤 조언을 해 줄까요?
멘토인 당신은 어떤 길을 제시해 줄까요?

이렇게 말해 줄까요?
'어려운 질문이요
그래도 당신이 묻고 있으니 대답해 주리다
애써 눈물을 참으려 하지 마오

아픔을 흘려보내세요
만사에 때가 있다 하지 않았소
지금 당신은 울어야 할 때인 것 같소
그래야 살 수 있을 것이요.'

2022. 10. 14.

쓰나미

사람이 내는 화는
불같고, 태풍 같고, 쓰나미 같다고 하지요
사람이 하는 생각에도
불도 있고, 태풍도 있고, 쓰나미도 있지요
당신이 내 곁을 영원히 떠난 후 알았어요

그리움도
불길이 되어 타오르고
태풍처럼 몰려오고
초토화시키는 쓰나미가 된다는 것을요

상실이라는
작별이라는
기억이라는
이름 달고
소용돌이치며 범람하는 태풍
내 마음의 쓰나미.

2022. 10. 15.

응급실도 가고

변기가 고장이 났어요. 물이 계속 떨어져요
수리하시는 분이 오시는 데 시간이 걸렸지요

여보
당신은 못 하는 것이 없었지요
집안에 모든 것 다 고쳤잖아요

어디 집뿐이었겠어요
평일에 수없이 교회를 드나 들었지요
형광등 새로 달고, 변기 고치고
지붕 위도 올라가고, 교회 하수도 고치다
응급실에 들어간 적도 있었지요
그때 개미한테 물려서 숨도 쉬지 못했잖아요
당신은 교회 일과 집안일을 따로 구분 짓지 않았어요
가족과 성도를 사랑함도 같았고요

그날 응급실에 들어가며 주사를 맞았던 당신
난, 너무 놀랐었는데
당신은 농담했지요
"나, 순교할 뻔했네."

2022. 10. 16.

마지막 엽서라면

청소를 합니다
아래, 위층
당신의 깨알 글씨 가득한
메모지와 수년 동안 사용해 오던 펜
가지런히 모아 놓았어요

당신이 떠나기 바로 전에
나에게 할 말을 적었다면 무엇이라 썼을까?
생각해 봐요

늘 내게 들려주던 말
"이 세상에서 내가 받은 가장 큰 축복은
당신을 만난 것이었소"
그렇게 적었을까요?

그 쪽지 받은 나는 이렇게 말하겠지요
"나도 똑같아요
이 세상에서 내가 받은 가장 큰 축복은
당신을 만난 것이었어요."

2022. 10. 17.

생일날

오늘이 우리 딸 보배 생일이에요
사실은 잊어버렸지요
그런데
가족 기도방에 올리는 글을 보고
아, 참! 하고 나도 문자를 올렸어요
딸은 지금, 시댁 식구와 여행 중이에요
날씨가 추워졌길래 이런 문자를 보냈어요

'딸, 생일 축하해
따스한 옷 입고, 맛난 것 먹고
많이 웃고, 씩씩하게 걸으렴
따스한 사람
위로의 사람
격려의 사람
누군 줄 아니?
아빠라고?
아니, 아니
아빠 꼭 닮은 우리 셋째 딸이지
사랑해
딸

'아빠가 살아 계셨다면
무슨 문자를 네게 보내셨을까?
이렇게 쓰셨을까?'
'보배야, 네가 내 딸이라 너무 행복하구나
더, 건강하고
더, 주님께 영광 돌리는 삶이 되자
사랑해 우리 딸
생일 축하하고'

이렇게 써서 전송하려는데 눈물이 마구 떨어져요
내 안에서 왈칵왈칵 올라오는
크고, 둥근, 뜨거운 눈물이
내 두 뺨에 흘러넘치고 있습니다.

2022. 10. 18.

용기

독감 예방주사 예약했어요
전화 받는 직원이 물었어요
"혼자 오시나요?"
"네"라고 대답했지요
병원에 도착하니 창구에서 또 물었습니다
"혼자 오셨나요?"
"네", 같은 대답을 했어요
이윽고 병실에 들어갔는데
주사를 들은 간호사가
보험회사에 보고 하기 위한 서류를 보며
"남편분과 함께 사시지요?" 하고 물었습니다
세 번째 질문에
"아니요, 우리 장로님 하나님이 품에 안으셨어요"
너무나 하기 싫은 그 말을 하고 또 눈물이 흘러요

난, 용기가 필요해요. 마음이 강해져야 해요
아, 네. 내 남편이요?
회오리바람과 함께 하늘로 올리어 간 엘리야처럼
주님과 동행하다 올리어 간 에녹처럼
느보산에서 주님께로 불리어간 모세처럼

믿음으로 멋지게 살다가
주님의 부르심을 받으셨답니다
마음속에 있는 그런 믿음의 말을
당당히 할 수 있는 용기가 필요합니다
주님, 도와주세요.

2022. 10. 19.

바위와 이슬

오늘은 우리 손녀 하얀이가
주인공으로 등장하는 뮤지컬에 다녀왔어요
〈게임 오브 왕관〉이라는 영화를 각색했어요
15년 전쯤 아주아주 흥행에 성공한 영화였대요

고등학교에서 그 내용에
디즈니 주인공들을 등장시킨 것이에요
어떤 왕이 딸 셋이 있었는데 왕의 사랑을 입으면
왕관을 주겠다고 해서 벌어지는 내용이에요
너무 코믹했어요
많이 웃었고, 환호했고, 소리를 질렀지요
당신 가고 처음으로 크게 웃었던 밤이에요

여보, 웃어도 웃는 게 아니라는 말 알지요?
웃음이 이슬방울 같다면 슬픔은 바위 같아요
바위와 이슬
이슬은 곧 사라지고
바위는 그대로 있고
요즈음 내 삶이네요..

2022. 10. 20.

찬양소리

잠을 자는 동안 찬양 소리를 들었어요

"예수님 날 위해 죽으셨네 왜 날 사랑하나
겸손히 십자가 지셨는데 왜 날 사랑하나
왜 날 사랑하나, 왜 날 사랑하나
왜 주님 갈보리 가야 했나, 왜 날 사랑하나"*

밤이 새도록
내 영혼으로 부른 찬양이에요
시들고 수그린 영혼
일으켜 주실 오직 한 분 주님
어제는 당신 떠난 후
처음으로 잠을 잘 잤습니다.

2022. 10. 21.

---

* CCM 〈왜 날 사랑하나〉

함께 예배드리던 때

주일이었어요
기적, 섭리에 대한 말씀을 들었습니다
아주 세밀하면서 재미나게 말씀해 주셔서
성경 속으로 빠져들어 가는 듯했습니다

목사님께서는 탈북민 사역을 하셨던 분이에요
그때 이런 간증을 들으셨대요
어떤 분이 북한에서 도망을 치다
잡혀서 다시 끌려갔는데
뼈가 으스러질 만큼 고문을 당했대요
그분이 생각하시길, 어차피 맞아서 죽을 텐데
이래도 죽고 저래도 죽을 것 도망치다 죽자, 생각하고
3층에서 뛰어내리셨지요

그런데 그 전날 눈이 많이 와서
지도원들이 눈을 치웠대요
눈을 옆으로 모두 밀어 놓았는데
그 높이가 1미터에서 2미터가량 되었다네요
눈 생각도 못 하고 3층에서 뛰어내렸는데
가뿐하게 내려앉았대요

무게가 없이 쌓인 눈 위에
두 발이 사뿐히 서 있더라는 거예요
그 길로 도망을 쳐서 남한으로 오신 후
주님 영접하고
하나님께서 도우셨음을 간증하셨대요
성도에겐 우연이란 없고,
하나님의 섭리만 있다는 말씀이었습니다

은혜를 많이 받았습니다
당신을 데려가심도 섭리라고 생각은 하는데
그 말이 위로를 주지는 못해요
왜 그렇게 빨리 데려가셔야만 했을까?
그런 의문만 생겨요

여보,
당신 옆에서 예배드리던 때가 너무 그리워요
그 맑고 빼어난 목소리에 대충이란 없었지요
정확한 박자와 음정을 좋아했지요
적당히란 없었어요.
언제나 첫사랑 고백하는 사람처럼
온 맘 다해 그렇게 찬양했었지요

두 손을 높이 들고 간절히 주님을 경배하던 당신
두 손을 모으고 강대상에서 흘러나오는 기도에
크게 '아멘'으로 화답하던 당신
수십 년 한결같은 모습이었어요
당신은 그런 사람이었지요
온 마음 다 바쳐 한 분 주님을
예배하던 사람.

2022. 10. 22.

그리움

홍옥, 청옥, 남옥, 백옥, 황옥 …
단풍잎에 이름을 붙여 주었다가 지웠습니다
너무 무거워서

파랑, 노랑, 빨강, 주홍 …
단풍잎에 이름을 붙여 주었다가 지웠습니다
너무 식상해서

그냥
그리움이라고
이름을 붙여 주었습니다
성은 … 그
이름 … 리움이에요

산마다 나무마다
그리움이 달려 있어요

당신을 잃고
눈물로만 쓸 수 있는
내 안에 글자

그리움
그 이름을 달고.

2022. 10. 23.

글씨

책을 정리하다
당신 글씨 빼곡한 성경공부하던 책이 나왔어요
그 글씨 보니, 또 왜 이렇게 눈물이 나는지

여보,
당신이 그토록 사랑하던 주님 곁에서
나, 기다리고 있지요?

2022. 10. 24.

꿈

어제는 꿈을 꾸었어요
내가 여린 빛깔의 한복을 입고 있었어요
거울을 보는 것도 아닌데 모습이 환히 보였어요
스스로 취해 버릴 만큼 내 모습이 아름다웠어요

그런 내가 부지런히 걸어요
당신을 만나러 간다고 하면서
몇 발짝 앞에 서 있던 당신인데
모습은 보이지 않았어요

꿈을 깨고 섭섭했어요
당신을 못 만나서
당신은 꿈속에서도
그리움으로 남아
날 울게 하네요.

2022. 10. 25.

접촉 사고

오늘은 차를 빼며 또 당신 생각을 합니다
내가 뒤로 차를 빼다가 부주의해서
어머니 간병 차 오셨던 권사님 차를 박았어요
우리 집 차도에서 생긴 접촉 사고였지요
물론 큰 사고는 아니었어요

당신이 가라고 한, 차 정비소를
권사님과 내가 가야 했지요
우리 교회 성도님이 운영하시는
멀지 않은 정비소에 도착했을 때
당신의 전화를 받았어요
이런 말을 했어요
"여보 잘 도착했어요?
당신 많이 놀랐을 텐데 걱정했어요
그냥 집에 있으라 하고 내가 갈걸
괜찮아요?"
다정히 내 걱정을 해 주던 당신
권사님 차 고쳐 드리는데
적지 않은 돈이 들었지요
그래도 당신은 내 안위만 생각해 주고

세상에 살면서 당신은
하나님이 주신 사랑을 모두 사용하고 갔네요

내 마음 안에 숨어있고, 스며있는 당신 목소리
"괜찮아요?"
날 걱정해 주던 그 말 …
한 번만 더 듣고 싶어요
꿈속에서라도.

2022. 10. 26.

이야기

가을에 나누던 대화가 생각나요

"여보, 나와봐요. 너무 예뻐요. 단풍잎"
"응, 정말 아름답군"

"집 앞에 낙엽 어떡하지요"
"응, 괜찮아, 곧 치울 거야"

"여보, 겨울이 곧 오겠죠"
"응, 곧 오겠지"

"여보, 독감 예방주사 예약했어요
같이 가야 해요"
"응, 알았어. 고마워요"

당신이 떠난 첫 번째 가을
우리들이 나누던 대화가
먼 메아리처럼 들려옵니다
사이사이 끼어있던 행복이 서러움이 되어.

2022. 10. 27.

딱 좋은 날

오늘은 날씨가 추웠어요
당신이 아주 좋아할 만한 서늘한 날씨예요
이런 날이면 난 "추워, 추워"를 외쳐 댔지요
그러면 '당신은 딱 좋은 날이야'라고 말했잖아요
가을이 깊어지는 오늘
난 당신의 목소리를 듣고 있어요
"선선해서 기분이 아주 좋아요"

가을이 가기 전에 내 마음의 창고에
낟 가리처럼 당신 목소리 저장해 두려고요
듣고 싶을 때 꺼내서 들으려고

해마다 이맘때면 내가 늘 듣던 말
"선선해서 기분이 아주 좋아요"
당신이 내게 들려주던 말
그리운 그 말.

2022. 10. 28.

감사

시월이 가네요
낙엽처럼
지천으로 깔린 감사

내 입에서 나뭇잎처럼
떨어지던 감사

흔하디흔한
그 감사 …
위안 삼아 쉽사리 하던 말
"감사"
당신이 내 곁을 떠난 후에
그 말을 하기가
얼마나 어렵던지요

어떤 이에겐
감사하다는 말이
산을 넘는 만큼 힘든 것인지도 모릅니다
그 아픔의 농도에 따라서
오늘 나처럼.

2022. 10. 29.

종교개혁 주일

올해가
종교개혁 505주년이라고 하네요
중세, 르네상스 문화, 십자군, 면죄부 …
개혁의 전반적인 개요를 들었습니다

바울의 고난
베드로의 수난
앞서가신 믿음의 선배들의 삶

아! 당신의 삶도 있지요
젊어서는 새마을 운동에 나가
땀으로 얻은 재물로
청년회실 꾸미고

결혼 후에도
십에 이조, 삼조 하면서
생활하던 당신
우리 집 냉장고가 텅텅 비어도
교회 파이프 오르간 사라고
선뜻 헌금하던 당신이 미웠지요

내가 농담 삼아 하던 말 생각나요?
당신은 천국 가면 아랫목에 앉아 있을 것이고
난, 윗목에 앉을지도 모른다고
주님 위해 걸어가는 당신
못마땅하게 여겼으니까

삶의 터전, 그 자리에서
평생에 걸쳐 진리를 위해
힘써 싸우던 당신
의의 면류관 받았지요?
여보, 나도, 내 아이들도
그렇게 살 수 있기를 기도하는
오늘 종교개혁 주일입니다.

2022. 10. 30.

조기

이태원 사건
핼러윈에 인파가 몰리면서
압사로 이어진 사고였대요
159명의 젊은이의 죽음
너무나 슬픈 소식이에요

여보,
대한민국엔 조기가 게양되었대요
11월 5일에 내린다고 해요

펄럭이는 내 마음의 조기도
내릴 날이 있을까요?
내려올 날이 있을까요?

가족에겐
남은 생애 가슴에 게양되어지는
그런 조기가 되겠지요
참, 슬픈 시월이네요.

2022. 10. 31.

어디를 봐도

당신이 있네요

자취로

흔적으로

그리움으로.

항생제

감기가 와서 병원에 다녀왔어요
감기는 한번 오면 한 달을 고생해요
항생제 주사를 맞았으니 잘 지나가 줄지 …
육신의 아픔은 주사를 맞고 고치려 하는데
마음의 아픔은 어떻게 할까요?

당신 그리는 마음은 어떻게 치유 받을까요?
영혼의 항생제 기도를 해요
주께서 내게 주신 말씀

'보라 내가 너희에게 비밀을 말하노니
우리가 다 잠잘 것이 아니요
마지막 나팔에 순식간에 홀연히 다 변화되리니
나팔 소리가 나매 죽은 자들이
썩지 아니할 것으로 다시 살아나고
우리도 변화되리라
이 썩을 것이 반드시 썩지 아니할 것을 입겠고
이 죽을 것이 죽지 아니함을 입으리로다'(고전 15 : 51-53)

말씀 외에는 내가 피할 곳이 없네요.

2022. 11. 1.

감탄사

집 앞
단풍나무는 드나드는 발걸음을
즐겁게 해 줘요
"아, 예쁘다!" 모두 한마디씩 하지요
이런 날이면
당신이 좋아하는 동그랗고 작은
고구마 구워 놓았잖아요

달달한 냄새 따끈따끈하고
속살이 노란 군고구마 …
한입 물고 우리가 하던 말
아, 맛있다!
아, 최고다!

11월이 몰아오던 감탄사
지금은 내 가슴에 누워 울고 있네요.

2022. 11. 2.

대궐

운동하고 집 안으로 들어오며 생각했어요
덕분에 이렇게 호사를 누리며 산다고요
가난한 어린 시절
예쁜 집에 사는 사람을
너무나 부러워했지요
그런데
지금 당신이 내게 주고 간 집은 대궐이에요
철 따라 장미꽃 피어나는 집
이렇게 아름다운 집을 내게 선사해 줘서
정말 고마워요

여보,
주님이 예비하신 우리들의 집은 어떨까? 상상해 봐요
꽃이 피고, 나비가 날고, 새들이 오고 …

종려나무 그늘에 앉아 당신은
내 무릎에 누워 잠이 들 수 있는 그런 집일까요?
그랬으면 참 좋겠어요
더도, 덜도 말고.

2022. 11. 3.

첼로

돌아서면 그 자리
또 당신 생각을 하고 있는 나
돌파구를 찾기 위해
첼로를 배워 보려고 해요
오늘 빌려 왔어요

내 나이에 무슨 악기?
자꾸 마음이 뒷걸음질 쳐요
그래도 가만히 있는 것보단
길을 찾는다는 의미예요

잘 모르겠어요
내 마음이 진짜 원하는 것이 무엇인지도
이것도, 저것도 아닌 것 같은
물건을 만지고, 놓고, 돌아서는
갈팡질팡하며 길을 찾아 헤매는 듯한
그런 마음이에요.

2022. 11. 4.

멋진 사람

당신은 목소리가 좋고
테너, 베이스, 알토, 멜로디 …
어떤 음이든 자유롭게 낼 수 있었고
강약, 중간 약까지 곧바로 구사해 내는 프로였지요
독창, 중창, 합창 …
어디에나 썩 어울리던 음성

눈을 감으면 당신이 부르던 찬송 소리가 들려요

나 맡은 본분은 구주를 높이고
뭇 영혼 구원 얻도록 잘 인도함이라

부르심 받들어 내 형제 섬기고
구주의 뜻을 따라서 내 정성 다하리

주 앞에 모든 일 잘 행케 하시고
이후에 주를 뵈올 때 상 받게 하소서

나 항상 깨어서 늘 기도드리며

내 믿음 변치 않도록 날 도와주소서*

당신이 사랑하던 찬송가지요. 이 가사는
당신의 삶을 그대로 표현해 주는 고백 같아요
아, 당신 참 멋진 믿음의 사람이었어요.

2022. 11. 5.

* 찬송가 595장

메모

이태원 사고로 수, 수많은 시민이
분향소에 찾아와 꽃을 놓고 메모를 남기고 가요
절절한 내용들이네요

보고싶다
미안하다
사랑한다
명복을 빈다
자리가 없을 만큼 많이 붙어있어요

나도
마음의 공간에
살면서 당신이 내게 준 메모를 달아 놓았지요
이런 말이 적혀 있어요
35살, 내 생일에 당신이 적어 주었던 글이에요

여보, 난 당신을

어제보다 오늘
오늘보다 내일

작년보다 올해
더 사랑할 거예요

정성 들여 써 준 카드 1번으로 달았어요
앞으로 2번, 3번 …
계속 달아야겠지요

아니, 어쩌면 더 필요하지 않을 거예요
충분해요
당신은 써 준 글처럼
날 매일매일 더 사랑해 주었으니까.

2022. 11. 6.

엽서

하늘에서 당신이 엽서를 보내 준다면
무슨 말이 쓰여 있을까? 생각해 봐요
아마, 이렇게 적혀 있을 거예요

'여보,
당신 밤에 기침이 심하던데 고생이 많아요
따뜻한 물 많이 마시고
약은 되도록 먹지 말고
몸은 쉬어 주도록 해요
같이 있어 주지 못해서
미안해요
내 기도 하리다
당신을 위해'

여보,
고마워요
나, 곧 나을 것 같아요
당신 엽서 받고.

2022. 11. 7.

무도회

집 뒤에 있는 고목을 잘랐어요
쉽사리 자르는가 했는데
나무 꼭대기까지 사람이 올라가서
위에서부터 자르며 내려오더라고요
아슬아슬했어요
불안하고 걱정이 되었어요
다행히 사위가 함께해 주어 큰 위로가 되었어요

당신이 있었다면 난 나가지도 않았을 것이고
집안에서 룰루랄라 하며 어리광만 부렸을 텐데
따가운 가을볕에 종일 나가 있었지요
힘이 들었어요

그리워요
당신이 주던 내 삶의 무도회
날마다 이어지던
내 삶의 노래.

2022. 11. 8.

노크

잠시 텔레비전을 봤어요
〈생생정보〉라는 프로였지요
호두밭을 일구는 부부였어요
산골, 깊은 곳에서 호두 농사를 지으며
살아가는 분들이에요

부부가 장난을 치며 웃고, 또 웃고
참 부러운 모습이었어요
나도 웃고 살고 싶다는 생각을 했지요

당신이 떠난 후
인기척 없는 나의 마음이 귀를 기울여요
즐겁게 웃던 그 시간이
행여
노크하고 있는지.

2022. 11. 9.

그리움의 맛

담가 놓았던 짠지를 꺼냈어요
시원하고 맛나요
'짜게 먹으면 몸에 안 좋아요'
당신이 하던 말이 생각나요

내 건강 챙겨주던 그 말이
귀에 들려요
마치 당신이 돌아온 양
식탁을 바라보면
아무도 없는 빈자리

그리움만
앉아 있네요
맛으로.

2022. 11. 10.

일광절약 시간

올해도 시간이 변경되었어요.
일광절약 시간이지요.
해마다 당신은 밤에 살며시 들어와서
시계를 고쳐 놓곤 했지요

난 잠들지 않은 눈을 가만히 감고 있었어요
당신은 시계를 고치고 날 바라보았지요
내가 잠들은 줄 알고 이불을 가지런히 펴 주고
볼에 키스를 해 줍니다

그 후,
당신 사랑 포근히 덮고 잠든
나를 데리고 아침을 향해 가던 시간 …
한 시간이 돌려진 게 아니라
행복을 맞추어 놓는 시간이었지요
내겐.

2022. 11. 11.

일의 귀결

지하실에 물이 떨어지고 있어요
사람을 불렀어요
오신 분들이 천장을 뚫고 원인을 알아내셨어요
위층 냉장고에서 물이 새어
아래층으로 흘러간 것이래요
자잘한 일들이 발생하네요

당신이 있었다면 혼자 힘으로 다 해결했겠지요
하지만 지금은 전문적인 사람을 불러요

요즈음 모든 일의 귀결은
당신이 되는 삶입니다
집안 곳곳 어느 곳이든 당신이 있네요
자취로
흔적으로
그리움으로.

2022. 11. 12.

맛난 인생

사위가 내일 한국에 나가요
오늘 모여 중국 요리를 먹었어요
당신은 짬뽕, 난 간짜장
우린 언제나
똑 같은 메뉴였지요

나오면서 '아유 배불러 죽겠다' 하고 말하면
왜 잘 먹고 그런 말을 하냐고 하면서
'아, 배불러 참 좋다. 기분 좋아, 맛있었다'
그렇게 말을 고쳐서 하라고 했지요

여보,
오늘은 내 생전 처음으로
중국집을 나서며 이렇게 말했어요
'아, 배불러 참 좋다. 기분 좋아. 대박 맛있었다'

이렇게 나는 서 있으려 합니다
맛난 인생을 살던
당신 곁에.

2022. 11. 13.

딸

다리 통증 때문에 MRI를 찍었어요
당신 큰딸이 함께 와 주었네요
바쁜 아이가 나에게 몰두해 있습니다
"엄마 …" 하고 부릅니다
꿈결같이 따스한 목소리로

내 눈물이 녹아내립니다
영혼이 담고 있는
그리움, 슬픔, 애절함 …
그런 것이 봄 눈 녹듯 사라집니다
딸의 목소리를 듣는
순간만큼은.

2022. 11. 14.

미국에 온 날

내가 결혼하고 미국에 들어온 지
45년이 되었네요
이 나라에 첫발을 디딘 공항에서
우린 예배를 드렸지요
그 새벽 시간에
아버님이 신학을 공부하는 전도사님을
모시고 오셨잖아요

그리고 우리들의 삶이 시작되었네요
어린 나이에 아무것도 모르던 나
어떻게 지나왔는지 수많았던 고난의 날들 …
힘에 겨웠지요

돌아보니 후회가 많아요
더 많이 웃지 못하고 산 것이
걱정만 하다가
당신과의 세월을 보내 버린 것 같아서

눈과 비를 맞으면서도
우린 웃을 수 있었을 텐데

둘이었으니까
절망의 순간이었다 해도 찾아보면
기쁨이 있었고 즐거움이 있었을 텐데
둘이었으니까
함께였으니까
혼자가 아니었으니까
머리 맞대고 살아가고 있었으니까.

2022. 11. 15.

잉꼬 부부

오늘 전화를 받았습니다
전화 저편에서
남편과 싸운 이야기를 합니다
자초지종을 들어보면
해 주고 싶은 말이 많습니다
조언, 충고, 위로
그렇지만 입을 다물었습니다

그리고 또 당신 생각을 합니다
우린 기억에 남을 만큼 싸우지도 않았고
말을 안 하고 산 적은 없었네요

몇 년을 어머니 간병인으로 오셨던 권사님이
우리 보고 잉꼬라고 불렀지요
교회의 어떤 분은 우리가 너무 사랑하며 사니까
불륜인 줄 알았다고 말씀하셨지요
일상의 부부가 저렇게 사랑하며
지낼 수가 없다고
생각했대요

우린 어떻게 그렇게 살 수 있었을까요?
한 번쯤 크게 싸웠더라면 오늘 이 아픔이
감해질 수 있었을까요?
기억에 남을 만큼
당신이 미운 적이 있었더라면
이렇게 그립지 않았을까요?

2022. 11. 16.

비교

난, 항상 비교가 되요
예배 시간에
사랑하는 사람을 먼저 보냈어도
저렇게 뜨겁게 찬양할 수 있을까?

저렇게 강렬히 자신의 믿음을
주님께 보여 줄 수 있을까?
손을 높이 들고, 눈을 감고,
주님께 영광 돌리고자 하는
하나의 신념을 유감없이
표현할 수 있었을까?

난, 그게 안 되고
힘이 드니까.

2022. 11. 17.

이슬 먹고 살았나요?

사람들은 날 보고 먹지 않는다고
이슬만 먹고 사냐고 말했지요
아니요
이슬보다 더 영롱한
당신 사랑을 먹으며 살아왔지요

허기를 느끼지 못하고 살아온 나
이제야 알았어요
어떻게 먹지 않아도
활기찬 삶을 살았었는지
방글거리며 살 수 있었는지

내 곁에 늘 머무는 삶의 에너지
당신 사랑이 있었으니까.

2022. 11. 18.

비밀

수영장에서 만난 권사님이 계셔요.
편안한 얼굴 거부감 없이 가까이할 수 있는
소박함을 지니고 계시네요
그분은 만날 때마다 이야기를 해 주세요
남편이 50대에 돌아가셨대요
20년이 지났건만 아직도 생각이 난다고 하셔요

난,
내 남편도 하늘나라에 갔다고
내 곁에 없다고 거기까지만 말했어요

이제 삼 개월 되었다고
무덤엔 아직도 흑이 마르지 않았다고
당신 보내고 삼 개월 된 내 마음에도
눈물이 마르지 않았다고
그런 말은 하지 않았습니다
아마 오래 친구로 남아 있는다 하더라도
난 그런 이야기는 하지 않을 것입니다
너무 아파서.

2022. 11. 19.

서러움

여보,
지난번 찍은 MRI 결과가 나오는 날이에요
정형외과를 들어서며 걱정이 되었어요
만약에 내가 불치의 병이 발견된다면?
다리가 아픈 이유가 암 같은 병은 아닐까?
그런 두려움이 엄습했습니다

의사 선생님 말씀이
오른쪽 골반이 튀어나왔다네요
그것을 전적으로 치료하기 전에
통증 치료를 먼저 하자고 합니다
일종의 스테로이드 같은 것 같아요

문득, 생각이 났어요
벌써 10년 전 일이네요
주일날 교회에 가다가 차 사고가 났잖아요
내 윗니 네 대가 밀려갔어요. 한쪽 옆으로 말이에요
그날 네 곳의 치과를 찾았었지요
그런데 가는 곳마다
치료 방법을 모두 다르게 설명해 주었지요

'밀려간 치아 모두 신경치료를 해야 한다'
'모두 흔들리게 될 것이니 빼고 다시 해야 한다'
'씌워야 한다'
'괜찮아질 것이다'
그날 당신은 날 데리고 다니며
애를 태우고, 가슴 아파하고,
걱정하고 하루 종일 그랬어요
오늘 갑자기 그날 일이 생각나요
안타까워하던 얼굴, 표정, 눈빛, 언어 …

여보,
날 사랑하는 당신 마음보다
더 아름다운 것이 이 세상에 존재할까요?

2022. 11. 20.

아끼는 시간

오늘은 복권 맞은 날 같았어요
딸이 3시간가량 있다 갔어요
난, 딸과 보내는 시간을 제일 아껴요
그 아이와 있으면 시간의 흐름이 정지되길 바라요
당신이 간 후 매일 날 찾아왔어요
바쁜 그 생활을 비집고 틈을 내어 날 만나러 오는 정성

난 알고 있어요
알게 모르게
늘 그 아이를 기다리고 있다는 것을
창밖을 봐도
새가 날아와도
햇빛이 찬란해도
비가 와도 기다려요

당신이 내 곁에 있을 땐
아무도 기다리지 않고 살았어요
그런데 이렇게 딸을 기다리네요
마음의 창문 열어 놓고
매 순간.

2022. 11. 21.

소풍

오늘은
딸과 여러 곳을 다녀왔어요
첼로도 고치고 차 값도 알아보고
쇼핑도 하고
난 너무 좋아서 붕 떠 있는 것 같았어요
그렇지만 딸이 바쁠까 봐
마음 한편이 불안했지요
내가 혹 아이에게 불편을 주는 것은 아닌가 하고요

당신이 곁에 있을 땐
당신의 시간이 내 시간인 것처럼
언제나 당당히 요구하며 살았지요
당신은 언제나
'난, 돌쇠야 마님을 잘 모셔야지'
하면서 내 시중을 들어 주었으니까
당신의 시간 내 시간 따로 없이
시간을 공유하며 살았지요

여보,
당신의 시간을

모두 내 것으로 알고 살면서도
미안함도 고마움도 표현하지 못했네요

아니, 표현했어도
당신은 이렇게 대답해 주었겠지요
'기쁨이요 당신과 함께하는 나의 모든 시간은'

눈을 감으면
당신 목소리가 들려요
천국에서 내게 전해 주는 말

'여보,
당신과의 지상에서의 삶은 소풍이었소
날마다 즐거운 피크닉이었소
매 순간 행복이었소'

여보,
그리워요
우리들이 누리던 소풍.

2022. 11. 22.

버팀목

오늘 박 권사님으로부터
편지와 오렌지 한 박스를 받았어요
문밖에 놓고 가셨더라고요
큰 위로가 되었습니다
그중에 이런 말이 있었습니다

당신과 내가 교회의 '버팀목'이었다고
성도들 마음속에 남아있을 커다란 '흔적'이라고

당신의 삶을 다시 생각해 보았습니다
교회를 사랑함이
성도를 아낌이
가족을 돌봄이
똑같았지요. 비중이 동일했어요

여보,
당신이 지닌 시간을 주께 드리니
교회를 사랑하고 성도를 사랑하는 곳에 부으니
주님이 이름을 붙여 주신 것일까요?
'교회의 버팀목'이라고?

알아요
당신은 그런 이름도 마다하겠지요
나 같은 사람에게
어떻게 그런 이름이 붙여지냐고 하면서
당신은
사랑만 좋아한 사람
사랑만 하다 간 사람
사랑만 지니고 산 사람

당신이 최고로 좋아한 글은
오 헨리의 단편소설
'크리스마스 선물'이었죠
사랑 이야기 소복이 담긴 이야기

여보,
당신의 사랑은 끊어진 것이 아니라
아직도 흘러가고 있습니다
마음과 마음을 이어주며.

2022. 11. 23.

감사절에

감사절 저녁이에요
막내아들이 근사한 저녁상을 만들었어요
완전 양식 메뉴
스테이크 굽고, 매쉬드 포테이토
고구마 포테이토, 마카로니 치즈 …

저녁상을 물린 후 아이들이 준비한
당신의 삶을 돌아보는 사진을
다 함께 보았지요
우리 가족의 행복한 역사에
모두 웃고, 떠들고, 환호하고
즐거워하고, 기뻐했습니다

그리고 주님께
감사의 기도를 드렸습니다
할아버지를 통해
이민의 길을 오게 하셨고
아버지를 통해
척박한 개척의 길을 열어가게 하셨던 주님

이제 할아버지, 아버지가 안 계신 이 땅에
자손들이 이어가게 하시는 은혜
여기까지 인도하신 분
그 이름, 하나님, 예수 그리스도
찬양하고 주기도문으로 마쳤습니다
여보, 우리 참, 행복했네요.

2022. 11. 24.

여행

우리 여행가요
강아지까지 10명이에요

처음으로 라면, 컵라면, 김치 다 안 가져가요
오징어도 땅콩도 안 가져가요
여보
당신 운전하고 내가 오징어 찢어 주던 시간
입에 김밥 넣어 주던 시간 멈추어 버렸네요
꼭꼭 씹어 먹느라
김밥 한 줄을 오래오래 먹던 당신

여행을 가면 난 아이들 선물 사느라
정신이 없었지요
어쩌면 그렇게도 사고 싶은 게 많던지
이번 여행엔 무엇을 할까 생각해 봐요

이름 모를 산에서, 숲에서, 들에서, 강가에서
홀로 서서 있는 힘을 다해 당신을 부르고 싶어요
목청껏 울부짖고 싶어요

여보 …

여보 …

여보 …

가슴을 털어내야

숨을 쉴 것 같아요

내 안에 가득한 당신 말이에요.

2022. 11. 25.

봄날이 올까요?

찰스턴, 사우스캐롤라이나 3박 4일 여행을 왔어요
감사절 연휴를 이용했지요. 5시간 차로 달려왔어요

우리가 함께 여행 다닐 때
당신이 정해준 호텔에 들어가면
난 언제나 뛸 듯이 기뻐하며 소리를 질렀지요
"여보, 나 여기 참 좋아!"
그럼, 당신은 흡족한 얼굴로 내게 되물었지요
"그렇게 좋아요?"
우리의 여행은 그렇게 시작되곤 했는데

이번엔 마음이 가만히 있었어요
호텔은 럭셔리 그 자체였지만
당신이 없는 내 마음이
특별히 좋아라 할 수가 없네요
아이들이 있으니
애써 좋은 표정을 지어야만 하는 내가
서럽게 느껴졌어요

여보, 알아요
기쁘게 살아야 한다는 것을
그것이 당신이 간절히 바라는 것임을
당신이 없는 삶에도 기쁨이 찾아올까요?
새가 날아오고 꽃이 피는 화창한 봄이
와 줄까요?
얼음 같은 내 마음에도?

2022. 11. 26.

기대어 사는 삶

하루 종일 이곳저곳 아이들을 따라다녔지요
저녁엔 안 아픈 곳이 없어요
다리는 퉁퉁 붓고
어깨도 짓누르는 듯 통증이 와요
딸이 다리를 주무르고 어깨 마사지를 해 주네요
난, 복이 많은 사람이에요
이런 아이들이 있으니

이상해요
다른 사람에겐 한마디도 하기 싫은
당신 이야기
아이들에겐 줄줄이 쏟아 놓으며 같이 울고
코믹했던 당신 삶 서로 나누며 크게 웃기도 해요
이젠 내 삶을 혼자 살아야 하는데
너무 기대어 있는 것 같아요
아이들에게 미안해서 쉼이 없는 마음이에요

여보,
나, 당신 곁에 좀 쉬어 가게 해 주세요
이 말을 하고 또 울어요.

2022. 11. 27.

바닷가에서

오늘은 바닷가에 갔어요
굴 패각으로 이루어진 바위 곁에 홀로 서서
힘을 다해 당신을 불렀어요

회색 구름으로 덮인 하늘
이슬비를 맞으며 부드런 당신 이름

내 목소리가 애절하다고 생각하거든
당신 그리움에 지친 마음이라 알아주세요

내 발걸음이 쓸쓸하다 생각하거든
손잡아 줄 당신이 보이지 않기 때문이라 알아주세요

나 혼자 서 있음이 허허로워 보이거든
내 바로 옆 당신 자리가
비어 있기 때문이라 알아주세요

내가 추위에 떨고 있거든 바람을 막고 서 있어 줄
당신이 안 보임 때문이라 알아주세요

내가 울고 있거든 다정한 당신 얼굴
그리워, 그리워
흘리는 눈물이라 알아주세요.

2022. 11. 28.

나머지 삶

집으로 돌아오는 길
아직도 단풍이 남아 있었어요
나머지
가을을 품에 안고

나머지란 말이 가슴에 와닿아요
나머지 삶
나머지 길
나머지 생

당신의 나머지 삶은
내 안에 살고 있다는 생각을 합니다

불의를 대항하던 모습으로
온유한 모습으로
겸손한 모습으로
언제나
당당한 모습으로
다정히 웃어 주는 모습으로.

2022. 11. 29.

의사

치과를 바꿨어요
좋은 선생님이길 바라지요

왜냐하면
성의 없는 의사 선생님도 계셔요
사람들 여러 명 데리고 들어와서
콤퓨타 뚜드리고 약 처방 주고
5분 만에 나가 버려요
모두 그런 것은 아니겠지요
좋은 의사를 만나는 것도
인생의 복이란 말이 생각나요

여보,
당신이 의사였다면 얼마나 자상했을까요?
생각나요
우리 타 주에 있을 때 젊은 부부가 있었어요
부인이 임신을 했는데
거의 막 달이 가까와서 안타깝게도
종양이 발견되었지요
엄마는 아기 때문에 치료를 거부했어요

교회가 술렁였고,
아기 엄마를 걱정해 주고 있었지요
세월이 얼마간 흐른 후,
분위기가 그래도 안정이 되었을 때
그 아기 엄마가 내게 말해 줬어요
그 힘들었던 시절, 전화해서 기도해 준 사람은
오 장로님 한 분뿐이었다고요
그 사랑 잊지 못한다 하셨지요

당신은 치료사였어요
병 낫기를 위해
온 마음과 정성을 다해
기도해 주던
기도 치료사.

2022. 11. 30.

난,

넘어질 때도 놀랐을 때도

순간적으로 당신을 불러요

위험한 순간, 기쁜 순간

그 어떤 순간이라도

내가 부르는 이름

내 삶을 견디게 해 준 그 이름

"여보".

일상

크리스마스트리를 세웠어요. 불빛이 너무 예뻐요
12월이면 일상으로 찾아오는 트리

우리가 주고받던 일상의 대화 같아요
잠시라도 안 보이면 얼른 전화를 들었지요
'여보, 어디 있어요?'
'응, 교회예요'
'언제 와요?'
'곧 떠나요'
'10분 20초만 지나면 도착해요'

당신은 언제나 분과 초까지 내게 이야기해 줬지요
그리고 대부분 정확했어요
입안에서 맴도는 그 일상이던 말
'여보, 어디 있어요?'
'언제 와요 ?'

중요하지 않다 여기던 일상이 너무 그립네요
다시는 재연될 수 없는 그 평범한 물음이.

2022. 12. 1.

감기

시댁에 갔던 딸이 돌아왔어요
아기가 아파요
어린 것이 잠도 못 자고 칭얼거리네요
가슴이 아파요
아픈 아기를 보며 당신 생각이 나네요

겨울이 되면 난 감기에 자주 걸렸지요
밤이 새도록 기침을 심하게 아주 심하게 했잖아요
당신도 잠을 못 자니
내가 이층 다른 방으로 가겠다고 하면
그냥 있으라고, 기침해도 괜찮으니
곁에 있으라고 했지요
그렇게도 날 옆에 두고 싶어 했던
당신,
지금은 어디 있나요?

2022. 12. 2.

응원

대한민국 축구가 포르투갈을 이겼대요
"기적 같은 16강행을 이끌어낸 우리 선수들도,
목이 쉬어라고 대한민국을 외쳤던 응원단도
모두 승리자였습니다" 이런 기사를 읽었어요

응원단들도 승리자였습니다
그 말이 참 좋아요
누군가를 응원해 주는 것
응원 … 마음속으로 되뇌었어요

당신도 하늘에서 응원했지요?

안중근 의사는 우리나라가 독립하는 날
천국에서 춤을 추겠다 하셨지요

내가 천국에 가면 함께 응원해요
뜨겁게 태극기를 펄럭이며
우린 눈물을 흘리겠지요?
대견한 조국을 바라보며.

2022. 12. 3.

조국

조국을 생각하며 문득 이런 생각이 들었어요
내 생애 중 참 잘한 것이 있다면
10여 년, 한국 학교를 위해
살아온 세월일 것이라고

그런데 당신은 주일학교 교사로
30년 세월을 내 삶의 햇살로 여긴다 했지요
아이들을 가르친 그 세월이야말로
빛이었고 선구자적인 삶이었다고요

사실 당신의 응원이 없었다면
할 수 없었던 일이었지요

가냘픈 나를 그네에 태우고
당신은 밀어주고 있었지요
힘들지 않고 높이 날 수 있도록
그 힘에 의해 난 교사란 이름을
평생 달고 살 수 있었지요.

2022. 12. 4.

미세스 오

건강 보험을 바꿔야 했어요
참 고마웠습니다
그중에 제일 고마운 것은 날
"미세스 오"라고 불러 준 것이었습니다
당신이 간 후 처음이었어요
"미세스 오"라고 불리움 받은 것

오랜 세월 엄마로 불렸고, 그 이름이 너무 좋았어요
오랜 세월 오 권사로 불렸고, 그 이름이 참 좋았어요
오랜 세월 선생님으로 불렸고, 그 이름이 굉장히 좋았어요
오랜 세월 할머니로 불렸고, 그 이름이 행복했어요
이제 남은 세월은 '미세스 오'로 불리움 받고 싶네요
당신의 아내였던 그 찬란한 기억으로 살 수 있도록.

2022. 12. 5.

얼굴

과거 속에
그리움이라는
물을 부으면
꽃의 얼굴처럼
웃음 띠고 피어나는
정다운 당신 얼굴

사라지지 말라고
자꾸 물을 부어요
그리움의 물
눈물을.

2022. 12. 6.

생각

눈 감으면
떠오르고

눈을 뜨면
생각나는
당신

무엇을 하고 있을까?
어떻게 지내고 있을까?

2022. 12. 7.

구름

한밤에
잠을 뒤로 하고 떠가는 구름
그리운 사람 찾아가는 것일까?

이 밤
내가 잠 못 이루고
내 안으로
당신 찾아가듯이.

2022. 12. 8.

작은 의자

당신 묘에 다녀왔어요
오늘은 작은 의자를 가져왔어요
오래 당신과 이야기 좀 나누려고

우리 둘이 이 의자에 앉는다면
당신은 내게 앉으라고
자신은 서 있겠다고 하겠지요
내 편안함이 당신의 편안함이라고 하면서
나는 굳이 당신을 앉힐 거예요
내 옆에

여보,
우리의 다툼은 늘 그런 것이었지요
더 편하게 해 주려
더 먹이기 위하여
더 사랑하기 위한 것

오늘 이 작은 의자 위에는
웃음과 눈물이 앉아 있네요
과거와 현재를 넘나드는

우리의 웃음과 눈물이
서로 마주보며.

         2022. 12. 9.

참 좋아요

당신은
차를 타고 가도 내가 옆에 없으면
마음이 편하지 않고 허전하다고 했지요
언제나 그 말,
병원에 가면서도 해 주던 말
"당신과 함께 가는 이길이 참 좋아요"

사무실에서도 해 주던 말
"당신과 일할 수 있으니 참 좋아요"
시작도 마침도 "당신과 … 참 좋아요"
평생에 당신이 내게 가장 많이 들려준 말
아직도 더 듣고 싶어 눈물 나는 말

'당신과 함께하는 모든 것, 참 좋아요.'

2022. 12. 10.

방문자

당신 묘에 앉아 있는 내게
찾아온 방문자가 있네요
미안함, 이것저것
지우고 싶은 일들을 나열하고 있어요
당신에게 못 해 준 것을 들추어
가슴을 미어지게 해요
미안함은 죄책감이라는 동아줄로
날 매어 끌고 다녀요

당신의 사랑을 생각해요
45년 한결같은 모습으로
다정하게 웃어 주던 얼굴말이에요
그 사랑이 밀어내네요
이 무뢰한 방문자를

이제 됐어요
자, 지금은 우리 둘만의 시간이에요
아무 말이나 해요

그래도 말이 나오질 않아요

말 대신 눈물이 먼저 나오네요

내 안에 가득한 말
눈물이 되어
먼저 쏟아지네요.

2022. 12. 11.

울보

당신이 천국에 간 후
처음으로 미술 전시회에 다녀왔어요
미술에 몰두한 사람은 삶이 미술이 될까요?
누군가에 의해 자신이 그려진다면
사 계중 어느 계절을 택할까?
꽃으로 표현한다면 무슨 꽃이 될까?
동물로 그려진다면?
생각이 지나갑니다

나처럼 글을 사랑하는 사람은
글로 사람을 표현할 텐데
당신은 어떻게 그려질까요?
난, 당신을 울보로 그리겠어요
제목을 '울보 남자'라고 적겠어요
내가 불치의 병이라고 했을 때
먼 나라 태국 땅에서
"착한 내 아내, 왜 하나님이 데려가시나?"
탄식하며 줄줄이 눈물을 달고 산 사람

오진이라는 결과가 나왔을 때

그동안 겪었을 내 마음의 고통을 생각하며
줄줄이 울어 준 사람

먼저 떠나보낸 젊은 최 집사
너무 불쌍하다며
식탁에서 눈물을 줄줄 흘리던 사람

이웃, 친척, 나라, 교회 …
누구라도 슬픔에 처한 이들의 고통을
자신의 아픔처럼 생각하며
줄줄이 눈물을 흘리던 사람
난, 당신 눈가의 눈물을
얼마나 많이 보았던가요?
사랑의 눈물을 품고 살았던 당신
울보였어요.

2022. 12. 12.

넥타이

오늘 사골국물을 한 냄비 가득 태워 버렸어요
집 안 구석구석 냄새가 가득해요
딸이 냄새 제거를 위해 꺼낸 크고 둥근 초
보라색이네요

당신은 보라색 넥타이를 좋아했지요
부드러운 천 실크처럼 차르르 내려가는 감촉에
종잇장처럼 얇은 넥타이를 좋아했지요
양복을 입고 넥타이를 맨 당신은 너무나 멋졌지요

"오늘 양복 입고 가야 될까?
그냥 평상복으로 가도 될까?"
좀 특별한 이벤트가 있을 때면
언제나 내게 질문했지요
난, 상황에 따라
잘 맞는 선택을 하게 도와주었다고 생각해요
당신은 내가 선택해 준 옷을 입으며
"난 당신 없으면 반쪽이에요.
당신 없으면 허수아비에 지나지 않아
앙꼬 없는 찐빵이에요"

농담 삼아 했어도
난 그것이 당신의 진심임을 알고 있었지요
보랏빛 넥타이를 가슴에 안아봅니다
당신을 안듯
아니 당신에게 안기듯.

2022. 12. 13.

엄마 대신 여보

저녁에 손녀딸 음악회에 가려고
꽃을 사가지고 나오다가
차 사고 날 뻔 했어요
순간이었어요
순간적으로 당신을 불렀어요
"여보"
백분의 1초를 실감했어요
아니 천분의 1초였을 거예요
사람들은 놀랐을 때 '엄마'를 부르지요

난,
넘어질 때도 놀랐을 때도
순간적으로 당신을 불러요
위험한 순간, 기쁜 순간,
그 어떤 순간이라도
내가 부르는 이름
내 삶을 견디게 해 준 그 이름
'여보'.

2022. 12. 14.

당신의 바램

아주 몸집이 좋으신 할머니가 껌을 씹으며
당당히 수영을 하십니다
내가 갖지 못한 것
체력으로 단련된 멋있는 할머니예요

몸집이 좋은 사람을 보면 당신이 하던 말
"당신이 저 사람처럼
튼튼한 몸을 가지고 있으면
얼마나 좋을까?"

그게 당신이었지요
자나깨나 내 건강만 걱정하던 사람

당신 알아요?
내가 비록 몸은 약했지만
자신만만하게 살았다는 것
마음의 체력만큼은 단단했다는 것
그 모두가 당신이 내게 부어 준
사랑의 결실이었다는 것.

2022. 12. 15.

글씨

오늘은 하루 종일 집에 있었어요
영수증 보관하고 은행에 전화하고
보험 회사 서류 읽어보고
소소하게 정리할 일들을 처리했지요

내가 하는 이 일,
지난날엔 사인만 하면 되던 서류들이었지요
"여기 사인해요"
손으로 일일이 짚어 주며 설명해 주었지요

촘촘히 박힌 영어 글씨 자세히 읽고
꼼꼼히 적어 내게 내밀던 서류에는
당신 글씨 빼곡했지요

모래밭 안에서도, 맑은 시냇물 가운데서도
금방 찾아낼 것 같은 글씨
수로 놓아진 듯, 조각해 놓은 듯 반듯한
당신 글씨 보이지 않아요
어디에도 내가 찾는 그 글씨는 없네요

당신은 갔으니까
여기 없으니까
스스로 답을 말하고 흐느껴요.

2022. 12. 16.

목소리

우리 집에 크리스마스 계절에
세 명의 생일이 있는 것 당신 알지요?
주님까지 네 명
네 명의 생일을 어제 축하해 줬어요

당일치기 여행을 계획했는데
무산되고 우리 집에 모였어요
조촐하지만, 행복했어요
당신이 없어도 가는 세월을 처음 느꼈어요
정지될 수 없는 내 슬픔의 시간
그럼에도 흘러가네요

뜨거운 눈물이 흘렀어요
촛불 속에 빼어난 목소리로
이끌어가던 생일 축하 노래
간절히 기도해 주던
당신 목소리가
가득해서.

2022. 12. 17.

선물

저녁에 쇼핑을 나왔어요
크리스마스 날 가족 모임이 있으니
아직 준비하지 않은 선물을 고르려고요
올해에는 고를 수 없는 당신 선물 생각하니
시린 가슴입니다

당신의 옷을 사려면
여러 가지를 생각해야 했지요
색깔, 카라, 소매 모양, 내려오는 허리선
그 위에 천이 중요했지요
난, 시간과 정성 기울여 당신 것을 잘 골랐어요
코트, 신사복, 작업복, 넥타이, 신발 …
그 외에 모든 것 정확한 맞춤형이 되곤 했지요

여보, 생각만 해도 눈물이 나요
어떻게 이 성탄절을 지내야 할지
당신이 없는 첫 번째 성탄절이에요
오늘, 내 가슴엔 겨울바람만 붑니다
윙윙거리며.

2022. 12. 18.

메시아

여기저기서 메시아 공연을 하네요
헨델은 24일 만에 53곡, 354페이지에 달하는
이 곡을 완성했다지요
그가 제일 어려웠던 시기에
곡을 완성했다는 글을 읽었습니다

당신이 지휘하던 메시아 생각나요
메시아를 하기엔 너무 적은 수의 성가대였지만
그래도 당신은 칸타타 곡을 메시아 중에서 선택했었지요
그런데 해가 지날수록 찬양대원들에게
자신감이 생기고 소리가 다듬어졌지요

오늘은 메시아에 오버랩 되어
오래전 당신 모습 생각나요
당신은 좋은 지휘자 연수를 위해
한국과 미국 전역을 왕래하던 시절이 있었지요
우리의 메시아
그분을 위해.

2022. 12. 19.

발을 닦아주며

다운타운 시가지를 딸과 걸었어요
차가운 날씨예요. 난, 몸이 꽁꽁 얼었어요
내 손과 발은 항상 차갑지요

그때도 한겨울이었어요
내가 어머니 모시고 힘들다고
불평을 늘어놓으며 심술을 부리던 날
당신이 타올과 따뜻한 물을 넣은 대야를 들고
방으로 들어왔어요

"이리와 앉아요. 내가 발 닦아줄게"
나는 싫다고 했지만 결국 당신한테 졌지요
아무 말 없이 내 발을 닦아주던 당신
난 아무것도 생각하지 못하고 울고 있었지요
따스해서
고마워서.

2022. 12. 20.

삶의 노래

밤새도록 은근한 불에 끓여 만들어 낸
대추 생강차, 우리 집 전통차였어요
당신은 일 년 365일 그 차를 대 놓고 마셨지요
내 모든 일은 당신을 향한 노래였고
당신이 해 준 모든 일은
날 위해 불러 준 노래였네요

삶엔 노래가 가득했는데
왜 이제야 들릴까요?
우리들이 부르던 그 아름다운 노랫소리가

때 지나 무대의 불빛 꺼진
이 시간에.

2022. 12. 21.

승부

골프를 치고 들어오는 아들
때론 시무룩 해요
공이 잘 안 맞았다고 하네요
그냥 즐거움으로 치면 좋을 텐데 그게 잘 안된대요
내가 이야기해 주었지요

너희 아빠는 실력이 남다르게 탁월하진 않았지만
탁구로 애틀랜타를 대표하는 인물과
한국의 거장들과도 겨누어서 이겼다고요

어떻게 이런 일이 가능했냐는 내 질문에
당신의 대답은 이랬지요
"상대방의 생각은 오로지 이기는 것, 승부,
승리에만 몰두해 있었기 때문에 진 거예요
스포츠란 가볍게 즐길 수 있어야 해요"
오늘 당신이 한 말을 아들에게 들려주었어요

당신은 매사에 그랬지요
평범한 사람들이 바라보는 그 이상의 것을
볼 줄 알고 즐길 줄 알던 사람.

2022. 12. 22.

사랑은 영원히

뉴욕 아이들이 운전해서 왔어요
비행기가 너무 비싸니 차로 왔지요
아들네서 저녁에 모였는데
선물이 얼마나 많은지 작은 상점을 가져온 것 같았어요
아이들은 뛰고, 웃고, 감격하고, 놀래고, 흥분하고
어른들은 그 모습 보며 덩달아 좋아 환호하고 …

나도 굉장한 선물을 받았어요
그중에 하나 〈Love, Forever〉라는 앨범이에요
당신과 나의 메모리로 가득한 200여 장의 사진
넘겨지는 페이지마다 소곤소곤 웃음이 깃들여 있어요
듬뿍듬뿍 사랑이 곁들여 있고요
송송 노래가 흘러나와요

사진 속 당신이 손을 흔들며 내게 말하네요
"사랑해. 여보"
나도 당신에게 손을 흔들며 말하지요
주최하지 못하는 눈물로 범벅이 된 인사
"사랑해요. 여보."

2022. 12. 23.

사랑 스텝

성탄절 조명을 구경하며
아이들은 환호하고 노래 따라 부르고
춤도 추네요

당신은 춤도 잘 추었지요
얼마든지 날 리드하며 출 수 있었지요
여보, 당신과 춤춰보고 싶어요
황홀한 드레스 입고
빨간 하이힐 신고
당신은 날 포옹하고 사뿐히 움직이겠죠

무슨 곡을 출까요?
블루스? 탱고? 아니면
재즈? 디스코? 무슨 곡이든 좋아요

삶의 무대에서 다시 한번 추고 싶어요
사랑 스텝 밟으며.

2022. 12. 24.

크리스마스

세상이 외칩니다.
메리 크리스마스!
올해는 그 말이 입안에서 맴도네요

기쁨을 불러오고
삶에 윤기가 흐를
메리 크리스마스!

올해는 참 어렵네요
당신 없는 첫 번째 크리스마스

아직은
블루
내 마음의 색깔이에요

주님, 미안해요
내 마음 이해하시지요?

2022. 12. 25.

신발

문 가에 서서 때론 세면대에서
못 쓰는 칫솔로 싹싹 닦고
손수건으로 먼지를 털어낸 깔끔한 신발을
내게 신겨 주던 당신
이 세상에 그런 사람이 또 있을까요? 당신 외에
그런 사랑을 받은 사람이 또 있을까요? 나 외에

내가 울 때 당신 아들이 이런 말을 했었지요

"엄마, 울지 마요
이 세상에 엄마만큼
남편의 사랑을 받고 산 사람은
없을 거예요
열이면 열, 길을 못 찾고
전화로 아빠에게 길을 묻던 엄마
열이면 열, 컴퓨터 안된다고
아빠를 불러대던 엄마
열이면 열, 피곤하다는 엄마
시중 다 들어준 아빠
열이면 열, 끼니마다 식사 후

잘 먹었다고 고맙다고 말해 준 아빠
언제 어디서나 전화의 마침표는
'사랑해' 였던 아빠
아빤, 엄마 사랑하길
자기 몸보다 더 사랑하셨지요"

맞아요. 정말 맞는 말이에요
난, 당신의 보호 속에서만
살아왔죠
어린 아이같이

2022. 12. 26.

월요일

우크라이나 젤렌스키 대통령이 하신 말이 생각나요
정확하지는 않지만, 대충이랬어요
'여러분, 월요일은 힘이 듭니다
일 시작하기가 아주 어렵다고 이야기하지요
우린 지금 매일 월요일입니다.
언제 이 월요일이 끝날지 알 수가 없지만
견뎌내야만 합니다'

여보, 나도 매일 월요일이에요
견디기 어려운 날들이에요
화요일을 기다려요
젤렌스키 대통령에겐 때가 되면 화요일이 오겠지요
그런데 …
내게도 화요일이 올까요?
당신을 잃은 내 마음에도 그런 날이 올까요?

2022. 12. 27.

일등석

계획대로였다면
지금쯤 한국에서 미국으로 들어왔겠지요?
당신은 날 비즈니스석에 태우고
세상을 다 가진 얼굴이 되었을 거예요
생각나요? 우리 둘이 일등석 타고 올 때
내 옆 좌석에 앉았던 당신
그곳엔 잠옷, 머리빗, 빛 차단 안경, 실내화, 화장품 등
필요한 모든 것이 구비되어 있었지요
일품요리도 올라왔고요

당신은 언제나처럼 양말 신겨 주고,
음악, 영화, 음식 일일이 설명해 주고 …
내 시중 다 들어주었지요
그 모습 보고 승무원이 말했어요
'너무 자상하시네요. 보기 좋아요'
그 말에 우리 모두 웃었잖아요. 당신, 나, 승무원

여보,
태중에 아기가 엄마에 의해 자라가듯이
당신은 나를 사랑으로 키우고 있었네요.

2022. 12. 28.

잘 있다는 말

살면서 아니 죽어서도
영원토록 네게 듣고 싶은 말
주님 안에 잘 있다는 그 말 한마디

사랑한다는 말보다 더 행복하게 해 주는 말
선물을 보냈다는 말보다 더 기쁘게 해 주는 말
만나자는 말보다 더욱 신나게 해 주는 말

나에게 쉼과 평안을 주는 말, 듣고 싶은 말
열 가지 버킷 리스트에 첫 번째 올라오는 말
네게서 듣고 싶은 단 한마디 말
'주님 안에 잘 있어요'

여보, 당신이 떠나간 후 '난 잘 있다'라는
그 말을 쉽게 하던 때가 그리워요
하고 싶은 말도
듣고 싶은 말도
그 말 한마디예요
'주님 안에 잘 있어요'

아직 나는 잘 있다는 말을 못 하겠어요
언제쯤 나도 그런 말을 쉽게 할 수 있게 될까요?

2022. 12. 29.

한 해를 보내며

당신이 가고 어떻게 지나왔는지
생각하고 싶지도 않아요
내일이 올해 마지막 날이에요

난, 누워서 생각해요
당신이 보내 주는 문자 한 줄만 받을 수 있다면
당신의 전화 한 통만 받을 수 있다면 …

또 가슴에 뜨거운 눈물이 채워져 옵니다
여보,
너무, 너무 보고 싶어요.

2022. 12. 30.

바이 바이

22년이여 … 굿 바이 …
아니
Good이란 말도 하고 싶지 않다
Bye, bye …

돌아오고, 또 돌아오는 슬픈 기억
흐느낌을 밀어내며
22년이 갔네요
휴우 ….

2022. 12. 31.

1월

외
투

내 생애는

눈보라 속에서

비바람 속에서

평생

당신의 외투를 입고 살았지요.

새해

여보,
새해 아침이에요
홍조를 띤 마음일 것이라 믿어봐요
휘파람을 불며
분홍신을 신었다고 생각하지요

자, 가요
손 붙잡고
당신이 보여 준 사랑만 가슴에 담고
달려가고 싶어요
이대로 쭉 …

그런 결심과 상관없이
감정은 언제나 롤러코스터 같아요
희망의 줄을 붙잡았다 가도 어느 사이
그 줄이 절망의 곡예처럼 느껴져요

극변하는 감정을 타고 흔들리는 지점엔
딱히 희망도, 절망도 존재하지 않네요
서로 당기기만 하니까.

2023. 1. 1.

왜?

광고를 들었어요
어떤 분의 따님이 미국 하원의원이 되었다고요
그분은 우리가 잘 아는 분이고 연세가 많아요

내 가슴이 아렸어요
이렇게 모두 살아있는데
나이가 열 살이나 많아도 펄펄 살아 계시는데
왜 당신은 떠났는지?
그 젊은 나이에 어떻게 가 버렸는지?
눈물이 마구 흘렀습니다
왜 당신은 그렇게 빨리 가야 했는지?
내 곁에 없는지
난
앵무새처럼
한 가지 말만 되풀이하고 있습니다
왜?
왜?

2023. 1. 2.

헌금

교회 주보에 적혀 있는 헌금 금액을 난 유심히 봐요
헌금이란 교회의 현안이지요
'교회가 직분자도 많고
헌금이 좀 더 들어와야 하지 않을까?'
그런 걱정을 할 때도 있지요
당신이 교회를 섬기던 때 일이 생각나요
예산을 올리자는 말들이 오고 갔지요
'하나님이 해 주신다는 믿음을 가지고 밀고 나가자'
그런 내용이었어요

그때 당신은 이런 말을 했어요
"여러분, 교회 예산을 올리면 좋지요
중요한 것은 이 회의에 참석한 우리부터
올릴 만큼의 퍼센트를 헌금해야 합니다
예산 수정을 하고,
'기도하고 믿음으로 나가자'라고 하기 전에
우리가 해야 할 바를 결심하는 것이
순서일 것입니다'

사실, 당신은 그 전 해에도 예산이 오른 만큼
헌금을 더 하고 있었음을 내가 알지요

그 회의가 끝나고, 어떤 분이 이렇게 말씀하셨어요
"장로님, 오늘 정말 큰 것을 배웠어요
앞으로 그런 신념으로 교회를 섬기겠습니다"
늘, 지혜로 사람들을 설득하던 당신이었지요

여보,
당신은 주님을 위해선 아낌이 없었지요
자신을 위해선 1불을 아끼면서도.

2023. 1. 3.

기도

당신은 내게 '우리 집 기도 대장'이라는
영광스러운 이름을 주었지요

요즈음엔 그런 생각이 들어요
내가 당신 기도를 너무 안 했나?
당신은 믿음으로 사니까
특별히 기도하지 않아도 된다고 생각했지요
기도를 더 할 걸 …
그러면 아직 내 곁에 있을 수도 있었을 텐데 …
당신은 영과 육으로 강건했으니까
내가 기도하지 않았었는데 …

지금은 후회해요
더 기도할 걸 …
뒤늦은 후회지요

여보,
미안해요.

2023. 1. 4.

캔쿤

자주 가던 캔쿤에 가 보고 싶어요
환호해 주던 그 맑은 바다
당신은 어린아이처럼
첨벙대며 바닷속에 들어가
파도를 타며 신나게 놀았지요

그 후 우리는 손잡고 백사장을 걷고
맛난 것도 먹고
지는 해를 끝까지 바라보기도 했지요
그곳에 가면 내 아픔이 좀 감해질까요?

어디를 가던 슬프긴 마찬가지겠지요
더 낳은 곳도 조금 덜 한 곳도 없을 거예요
내 눈엔 바다는 없고
미치도록, 숨이 막히도록 보고 싶은
당신만 보일 테니까.

2023. 1. 5.

리더

사도행전 설교를 들으며 흐느꼈어요
사도 바울은 어떻게 그렇게
주님을 사랑할 수가 있었을까요?
리더로서 적당히란 없던 사람
옳은 일에 소신을 굽히지 않던 위대한 인물

당신도 그런 사람 중에 한 사람이었지요
책임을 회피하길 좋아하던 내게
이런 말을 해 줬지요

"진정한 리더라면
싫어하는 일까지 책임을 져야 해요
불편하고, 어려워도 끝까지 할 말은 하고
져야 할 책임이 있다면 누구에게 미루지 말고
직접 해결해야 하지요
그래서 책임이 무거운 거예요
리더의 삶이 어려운 것이고요"

여보,
고마와요
꼭 그렇게 살도록 노력할께요.

2023. 1. 6.

가족 상봉

미국으로 입양된 분이
친부모를 찾아 한국에 나왔다는
뉴스를 읽었어요.
갑자기 당신이 한인회 회장이던 때 생각이 났어요.
사람을 찾고 있던 경희대학교 학생이 있었어요.

학생의 이모는 미군이었던 이모부와 결혼을 하고,
이민을 가셨다고 했습니다.
사는 게 너무 어려워 연락을 제때 못하고 지내다
20년 동안 소식이 끊긴 상태라고 했지요.
제발 이모를 찾아 달라는 편지와 약간의 정보만 있었습니다.
그 학생은 미주 한인 연합회를 통해
100여 통의 이메일을
미국 전역 각 도시로 보냈다고 했어요.

그러나 자료가 부족해
찾기 불가능하다는 연락을 받았다고 했습니다.
당신은 이메일을 받은 후,
인터넷과 전화로 계속 수소문하고,
낮이고 밤이고 시간과 정성을 쏟았습니다.

그 후 6주 만에 뉴욕에 계신 학생의 이모님을 찾게 되어
헤어졌던 가족 상봉을 이루게 해 주었지요.
그 학생이 기뻐하며 감사를 전한 편지에 … (중략)
"엄마와 이모는 서로 맞는지 확인을 하시더니 막 우시더군요 …
저도 막 울었고요 …
저희를 도와주신 오 선생님 … 너무 감사해요 …
Mr. Oh … 아저씨, 호칭을 뭐라고 해야 할지 …
이모님은 이모부와 함께
올해가 가기 전에 한국에 한 번 오시겠대요.

그동안 너무 오시고 싶으셨다고 하시더군요.

그동안 연락이 없던 외할머니도 두 딸을 찾으시게 되었어요.
저희 가족에게 너무나도 큰 선물을 주신 거 …
정말 감사드립니다.
하나님께도 감사드리고요."(하략)

학생은 장문의 감사 편지를 보내왔었지요.
여보, 당신은 누군가를 돕는 일엔 늘 앞장을 섰지요.
아무도 못 해내는 일 …
당신 손에서 이루어진 것들이 얼마나 많이 있었던가요.

입양된 한국분이 친부모를 찾는다는 뉴스를 읽으며,
경희대학교 학생이 생각났어요.
연락은 없었지만 그 가족 …
평생 당신에게 고마운 마음을 지니고 사시겠지요?
섬김으로 일관되던 당신의 삶을 생각하는 오늘입니다.

2023. 1. 7.

알고 있네요

내가 잘못한 것이 있어요
우리 삶을 책임져 주느라
주야를 가리지 않고
일만하고 살던 당신을
아이들에게 부각시키지 못한 것 말이에요

그럼에도 아이들이 모두 알고 있네요
바닷물이 안간힘으로
파도를 모래사장으로 밀어내 주듯이
뒤에서 밀어주던 사람
밀어주고
눈물 씻고 다시 돌아와
밀어주던 사람
그 사람이 아빠였다는 것을.

2023. 1. 8.

고모

오늘 고모가 왔어요
당신 이야기하며
울먹이고, 웃고 떠들었지요
당신, 귀 간지러웠지요?

기억의 숲에서
다람쥐처럼
우린 오르고, 내리고를 반복하며
하루해를 보내고 있습니다
당신이 선사해 주던
사랑이라는 과일을 따 먹으며.

2023. 1. 9.

첫 강의

당신 그것 알아요?
사랑이 파편이라는 것을?
내 몸 머리부터 발끝까지 촘촘히 박혀 있는 것은
45년간 당신이 주고 떠난 사랑의 파편
뽑으려야 뽑을 수 없는
그 사랑의 파편에 몸부림치며 흐느끼다
공부를 시작하기로 했어요
어떻게든 벗어나 보려고

줌으로 교수님, 학우들을 만났지요
가슴이 뛰어요
나, 잘할 수 있을까? 겁이 나요

어떻게 든 머리를 분주하게 하고자 시작한 공부예요
당신을 잃은 설움
하루하루 견디기가 너무 어려워서
좀, 나아지길 기대하지요
머리 싸매고 공부하면
터질 듯한 당신 생각 비껴갈 수 있을까 하고.

2023. 1. 10.

커피

아들이 커피를 주문해 주었어요
자주 커피가 배달돼요
가끔은 싱겁고
가끔은 달고
가끔은 크림만 넣은 것처럼 허연빛이에요
그래도 난 마셔요

당신이 만든 것이라면 투정을 부렸겠죠
맛이 있네 없네 하면서 …
한잔의 커피에도
온갖 정성 다 기울여
만들어 주던 맥 커피

아무도 만들 수 없죠
날 사랑하는 당신만 만들 수 있는 커피
그 커피 한잔이 너무나 그리워요
다시는 맛볼 수 없는
당신 맛 커피.

2023. 1. 11.

성에

차 유리창에 성에가 가득 끼었어요
매운 날씨에요
차 시동을 켜 놓고 녹기를 기다리고 있어요
겨울이 되면 시린 내 손잡아
코트 주머니에 넣고 녹여 주고
춥지 않게 해 주려
바람을 막아 주며 길을 가던 당신

추운 일기,
당신 잃은 설움이
성에처럼 서리어 옵니다
내 가슴에.

2023. 1. 12.

공책

참 이상하지요?
당신이 성경 공부하던 공책을
잘 넣어 놓았었지요
가지런한 당신 글씨예요
오늘 다시 읽고 싶어
아무 곳이나 펴 보았어요
그곳에 이런 말이 있어요

"하나님의 기적을 믿고, 바라고, 기도했지만,
하나님께서 데려가셨을 때
인간적으로는 할 수 있는 말이 없다
하지만 '삼하 12:16~23'에서와 같이
하나님을 인정해야 한다"

다윗의 이야기지요
다윗이 아픈 아들을 위해 금식하며
기도하다가 하나님이 데려가셨음을 알았을 때
밥을 먹고, 힘을 차렸다는 말씀이죠

나도 그래야 하는데,

당신은 이미 하나님이 데려가셨으니
돌아올 수 없는 당신
나도 다윗처럼 마음먹고
힘차게 다시 일어나 생활해야 함을
당신 글씨로 알려 주는 것 같아요
자꾸 내가 우니까.

2023. 1. 13.

그럴까요?

정원에 머무는 따스한 햇살처럼
당신 사랑 머물던 자리에서
일어나야 한다고
스스로에게 힘내라 응원해 봅니다

하지만
그때 뿐 돌아서면 다시
당신한테 가고 싶다는 생각으로
하루를 보냅니다

그런 나를 보며 누군가 이야기합니다
하늘에 있는 당신이 싫어할 것이라고
기쁘게 사는 모습을 보여 주어야 한다고
그럴까요?
아직은 우리 둘 다 울고 있는 기간이 아닌가요?
서로 마주 보고 산 세월이
너무 그리워서.

2023. 1. 14.

빛의 나라

오늘 주일 히스기야의 기도
하나님만 의뢰했던 두 번의 성공과
자신을 과시했던 한 번의 실패에 대한
말씀이었습니다
은혜를 많이 받았어요

더 큰 은혜는
잠시 눈을 감고 생각하는데
주님의 평안이 느껴졌지요
그것은 세상이 줄 수 없는 것
단 한 번도 느껴보지 못한 빛이었지요

아! 내 남편은 저런 빛 속에 살고 있으니
이 세상에 오고 싶지 않겠다
빛 속에 안겨 있는 내 남편 오 장로
또 내가 언젠가 가야 할 곳
저 빛의 나라.

2023. 1. 15.

김치 찬가

김치를 사 왔어요

당신의 식탁 속에 김치는 여왕이었어요
맛의 힘으로 군림했잖아요

난, 김치를 잘 담갔지요.
뉴욕에 사는 아이는
엄마 맛 김치를 찾아다닌다 했어요
그리고 조금만 비슷해도
기뻐하며 사진을 보내왔지요

여보,
난 이제 김치를 담그지 않아요
필요하면 사다 먹어요
그래도 김치를 보면 당신 생각을 해요
맛있는 김치 한 가지만 있으면
더 좋은 반찬은 그냥 부수적이었지요

당신,
김치 먹고 싶어서 어떻게 지내고 있어요?

천국은 다 좋은데 김치가 없어서 …
그런 생각을 하며
난, 또 울어요.

2023. 1. 16.

케익

손으로 만든 케이크가 전달되었어요
'힘내세요' 카드와 함께

포개고, 버리고를 거듭하는
도돌이 걸음
내 아픔이
후드둑 눈물로 변했지요

뜨거운 눈물로 내 가슴이 말하는 것

사랑, 감사드려요
힘낼게요.

2023. 1. 17.

외투

서울에서 여의도 벚꽃길 걷던 생각이 나요
그날 생각보다 훨씬 추웠지요
내가 입은 것으론 감당이 안 될 만큼 추웠어요
당신은 외투를 내게 벗어주고
그 먼 길을 얇은 셔츠 입고 걸었잖아요

내 생애를 돌아보면
눈보라 속에서
비바람 속에서
평생 당신의 외투를 입고 살았다는
생각이 들어요

그래서
추위를 비켜 갈 수 있었다고
따뜻하게 살았다고.

2023. 1. 18.

큰딸

가까이 있어도
언제나 그리운
너

함께 있어도
언제나 보고 싶은
너

헤어질 때 언제나 만날 수 있을까
달력에 동그라미 그리며
기다리는
너

당신을 아빠라
날 엄마라 부르는
우리의 큰딸이지요.

2023. 1. 19.

사랑 덩어리

생일잔치가 있었어요
초밥 오더하고, 탕수육, 깐풍기 오더하고
웃고, 나누고 축복해 주고 …
화기애애했어요
참, 좋네요
당신의 분신 가족
오늘 열일곱 명이 모였어요
대가족이라 얼마나 좋은지요

가끔은 스트레스고
가끔은 속상하고
가끔은 어려워도
가족이란 사랑 덩어리지요
부수어 낼 수 없는 사랑 바위
우린 서로 그 바위에 기대어 살아가요

아니, 당신이 없는 지금은 기대는 것이 아니라
부둥켜안고 살아가요
떨어지지 않기 위해.

2023. 1. 20.

은혜를 받고

설교에 은혜를 받고 많이 울었어요
여호사밧왕에 대해 말씀해 주셨어요
자신의 힘으로 싸울 땐
겹겹이 어려움에 봉착했는데
잠잠히 기도하니
주께서 기적으로 일으켜 주시는
생생한 말씀이었어요

여보,
예전과 달리 설교를 들어도
찬양을 들어도
자주 울어요
언제나 생각보다 앞서가요
눈물이.

2023. 1. 21.

기도

여러 친지로부터
안부 문자와 전화를 받아요
사랑한다고 힘내라고
기도하고 있다고 적혀 있지요

언젠가 이렇게 답을 드리고 싶어요

기도 소리가 들리지 않았지요
내 흐느낌 외에는
아무 소리도 들을 수 없었으니까요

이제 눈을 감으면 마음에 들려와요

시, 공을 초월한
어마어마한 여러분의 기도 소리

뜨거운 그 기도소리가
마음에 스며듭니다
사랑으로

2023. 1. 22.

인기 있는 할아버지

오늘은 땅콩을 볶았어요
당신이 좋아하던 멸치 땅콩 볶음을 만들어요
땅콩을 보면 언제나 생각나는 것이 있지요

손녀딸 지원이 어릴 때 가끔 우리 집에 맡겼잖아요
지원이를 안고 당신은 일을 했지요
그러다 칭얼거리면 땅콩을 서로 나누어 먹었어요
당신 책상엔 간식이 많이 있었으니까
과자나 주스 무엇이든 둘이 먹고 놀았어요

그래서인지 지원이는
나보다 당신을 더 좋아했어요
당신이 하던 말,
"왜, 지원이가 날 더 좋아하냐 하면
당신은 업어주니까 뒷모습만 보게 되고,
난 안아 주니까 내 얼굴을 보잖아
그러니까 날 더 좋아하는 거야"
"정말 말 된다. 말 돼"
당신 농담에 우리 모두 배꼽 빠지도록 웃었지요

확실한 것은 손녀딸은 완전 당신 팬이었어요
당신은 자상하고 살뜰한 참 즐거운 할아버지였어요

산으로 가든 바다로 가든
언제 어디서나 아이들과 놀았어요
재료가 어떻게 그렇게도 다양한지
어디를 가든 마음만 있으면
하루 종일 아이들과 놀 수 있다는 것을
당신 덕분에 알게 되었어요
그러니 손주들이 할아버지를 좋아할 수밖에 없었지요

여보, 당신은 갔어도
사랑은 아이들 가슴에 남아 있겠지요
아이들도 당신처럼 자라가길 기도해요
순전하고 정직하고 하나님을 경외하며
악에서 떠난 사람으로.

2023. 1. 23.

안부

오늘이 당신이 내 곁을 떠난 지
5개월 하고 20일째예요
부엌에 있는 사진 속 당신 얼굴을 쓰다듬어요

"여보, 잘 있어?"
사진 속 당신이 내게 물어보네요

누군가 잘 있냐고 말하면 난,
"네, 아직은 그 대답이 쉽지가 않네요" 라고 말하죠

그러나 당신이 내게 잘 있냐고 묻는다면
잘 있다고 대답할 거예요

당신
걱정할까 봐
아플까 봐
슬플까 봐
눈물 흘릴까 봐.

2023. 1. 24.

햄버거

오늘은
햄버거를 사 왔는데 빵 두 개가 빠졌어요

사실은 내가 먹고 싶은 것이 빠져 있었어요
거리상 나중에 다시 가져오기로 했어요
그런데 무척 섭섭했지요
당신이 옆에 있었다면
주저하지 않고 다시 달려갔겠지요
다른 이들에겐 바랄 수 없지요

언제, 어디서나 나를 향해 서 있던
당신만 할 수 있는 그런 일이지요

동, 서, 남, 북 …
어디에서든
당신은 나만 보고 살았으니까.

2023. 1. 25.

그럴 수도 있지요

오늘은 이런 이야기를 나누었습니다
어느 분이 떡을 사 왔는데
먹을 수가 없으리만치 딱딱했대요
좀, 먼 집이라 바꾸러 갈 수가 없어서 나중에 가서
"지난번 사 간 떡이 너무 굳었었다"라고 자초지종을 말하니
"무슨 말이에요? 우린 매일 떡이 들어오는데요" 하며
오히려 화를 내더래요
그 말을 들으며 생각했지요

당신은 언제나
내가 그랬을 수도 있다. 내가 잘못 들었을 수도 있다
하지만 난 이렇게 이해했다고
상대방을 배려하고 자기의 생각을 말하니
늘 부드러운 대화가 오고 갈 수 있었지요
좀 손해를 봐도, 입장이 난처해지더라도,
그런 것을 두려워하지 않았지요

반면에 나는 늘 발뺌을 했지요
"아니, 난 아니에요. 못 들었어요. 하지 않았어요"
딱 잘라 말했잖아요
당신은 그렇게 하면 안 된다고 타일렀지요

내가 잘못 들었을 수도 있고,
잘못했을 수도 있다
기억 못 할 수도 있고
다르게 이해했을 수도 있다
그런 것을 염두에 두고 살라고요

오늘 떡 이야기를 들으며
당신이 내게 한 말을 마음에 둡니다
불리한 상황이라도 '내가 잘못 들었을 수도 있다'
'기억이 없지만 그랬을지도 모른다'
어떤 경우에도
'나는 떳떳하다' 말하지 않고
'내 잘못 일지도 모른다'
고개 숙이며 살아온 삶
당신은 그런 사람이었지요.

2023. 1. 26.

단단해졌다구요?

누군가 이야기합니다
내가 단단해졌다고
아니에요. 전혀 아니에요
난, 그냥 잘 사는 것처럼 웃고 말해요

사람들의 눈에 나아진 것으로
보이는 지금이 더 견디기 어려운 것 같아요

단단해졌다는 것은 무엇일까요?
잊어버린다?
체념한다?
아니면 생각 안 한다?
그런 일은 일어날 수 없겠지요
그렇다면 단단해지는 일도 없겠네요
난, 당신을 잊을 수 없고, 체념도 싫고
생각 안 하고 살 순 없을 테니까

내 경우 단단해진다는 말은 드러내지 않고
속으로 운다는 말일 거예요

그런 의미로 본다면 난 단단해진 것 같아요
속으로 하염없이 우니까.

2023. 1. 27.

사진

삐걱거리며 잘 열리지 않던 자물통을
새로 바꾸었어요
참 좋아요. 쉽게 잠기고, 열 수가 있어서

여보,
그동안 계절도 바뀌고 자물통도 바꾸고
집안 분위기도 바꾸었지요
집안에 배너를 만들어 이곳저곳에 달았어요
그 위에 당신 사진을 모두 달았지요
아이들이 좋아해요
방문할 때마다 아빠의 모습을 볼 수 있어서
참 좋다고 말해요
나도 얼마나 좋은지요

당신이 내 볼에 키스해 주는 사진을 비롯해
80여 장의 사진을 볼 수 있어요.
난, 사진의 배경과 때와 장소까지 환히 알지요
요즈음은 사진이 찍기 싫어요

지난 시간 당신과 찍었던 사진만 들여다봐요
그리고 이렇게 말해요
"여보,
보고 싶다. 너무 많이."

2023. 1. 28.

한 가지 일

당신 묘에 가 보고 싶은데 아직 못 갔어요
알잖아요
난, 하루에 한 가지밖에 못하는 것 말이에요
그런 나를 보며
당신은 늘 이렇게 이야기해 줬지요
곧, 교회에 가야 하니
잠시라도 방에 들어가 눈 좀 붙여요

아니면 오늘은 만남이 예약되어 있으니
당신 미리미리 쉬도록 해요
나가면 지칠 테니까

시간되는 대로 쉬도록 해요
당신은 몸이 약해 쉬어 주는 게 최선이에요

요즈음도 한 가지밖에 못 해요.
수영을 하던지, 마트에 가던지, 병원에 가던지
당신 묘에 가는 것도 하루를 잡아야 해요

잘 모르겠어요
그곳에 가도 슬프고, 집에 있어도 우는데
왜 마음은 자꾸 그곳을 향하는지.

2023. 1. 29.

지난 시간에

오늘은 당신 묘 앞에 서서
뭔가 읽어 주고 싶었어요
전화기에서 찾아보니
5년 전에 당신 생각하며 쓴 시가 있었어요
그 시를 꺼내 읽어요

"제비꽃을 숨겨 주기 위해
바위는 자꾸 커졌나 보다

눈보라 비바람
막아주기 위해
저토록 강해졌나 보다

내 눈물
닦아 주기 위해
세차게 살아야 했던
당신처럼."*

2023. 1. 30.

* 오귀순 〈바위와 제비꽃〉

살았다고 할 수 있나요?

당신이 간 후
어떻게 살아왔는지
기억조차 하고 싶지 않아요

자녀를 먼저 하나님 품으로
보낸 분이 이렇게 말씀하셨어요
"내 아들이 간 지 20년째예요
살아있는 사람도 그때 같이 죽었을 거예요
죽음을 살았으니까요"
그 말이 얼마나 내 마음에 와닿았는지
어떤 위로보다 더 큰 위로가 되었습니다

이 사람은 아는구나
먼저 가족을 떠나보내는 것이 무엇인지
사랑하는 사람을 잃은 슬픔이 무엇인지

나도
열심히 살아갈 거예요
웃고, 나누고, 사랑을 실천하고 …

당신 만나는 그날까지
주님 바라보며 걸어갈 거예요
그래도 난, 알아요
오늘 들은 이 말이 사실일 것이라는 것을
사랑하는 사람을 먼저 보내는 것은
그런 것이라는 것을.

          2023. 1. 31.